우리는 복이 필요합니다

우리는 복이 필요합니다

© 생명의말씀사 2022

2022년 5월 27일 1판 1쇄 발행
2022년 12월 7일 　　 3쇄 발행

펴낸이 | 김창영
펴낸곳 | 생명의말씀사

등록 | 1962. 1. 10. No.300-1962-1
주소 | 서울시 종로구 경희궁1길 6 (03176)
전화 | 02)738-6555(본사) · 02)3159-7979(영업)
팩스 | 02)739-3824(본사) · 080-022-8585(영업)

지은이 | 조현삼

기획편집 | 서정희, 김유미, 김현정
디자인 | 박소정, 윤보람
인쇄 | 영진문원
제본 | 보경문화사

ISBN 978-89-04-16798-2 (03230)

저작권자의 허락 없이 이 책의 일부 또는 전체를
무단 복제, 전재, 발췌하면 저작권법에 의해 처벌을 받습니다.

우리는
복이
필요합니다

조현삼 지음

생명의말씀사

차례

Intro · 11

1 복의 기원 · 17

1. 성경적인 복관을 정립하기 위해 성경으로 들어가다
2. 하나님이 사람을 지으시고 가장 먼저 그에게 복을 주셨다
3. 하나님이 사람을 복이 있어야 사는 존재로 만드셨다

2 기복祈福 · 25

1. 복을 구하는 것은 지양해야 할까 지향해야 할까
2. 복은 누구에게 구해야 할까

3   성경에서 찾아 세운 복의 정의 1 – 하나님이 복이다 · 31

 1. 하나님이 복이다
 2. 전도 대상자들은 하나님이 복인 것을 모른다
 3. 하나님을 복으로 받은 사람은 하나님의 소유도 복으로 받는다

4   성경에서 찾아 세운 복의 정의 2 – 구원이 복이다 · 41

 1. 천국이 복이다
 2. 소명이 복이고 예정이 복이고 하나님의 자녀 된 것이 복이다
 3. 회개_죄 사함을 받는 것이 복이다
 4. 믿음_믿는 것이 복이다
 5. 칭의_믿음으로 의롭다 함을 받는 것이 복이다
 6. 성화_말씀을 지키는 것이 복이다
 7. 영화_주 안에서 죽는 것이 복이다
 8. 영생이 복이다

5 성경에서 찾아 세운 복의 정의 3 · 61
– 하나님이 주신 것이 복이다

1. 서론이 길지만 이 과정은 반드시 거쳐야 한다
2. 관점을 달리해야 한다
3. 하나님이 주신 것이 복이다
4. 하나님이 내게 주신 것이 복이다
5. 복으로 받아도 또 주시고 더 주신다
6. 구해도 된다

6 복 받은 사람 · 83

1. 복 받은 상태가 행복이다
2. 당신은 복 있는 사람이다
3. 시편 1편은 당신 이야기다
4. 복 있는 사람이 되어야 한다

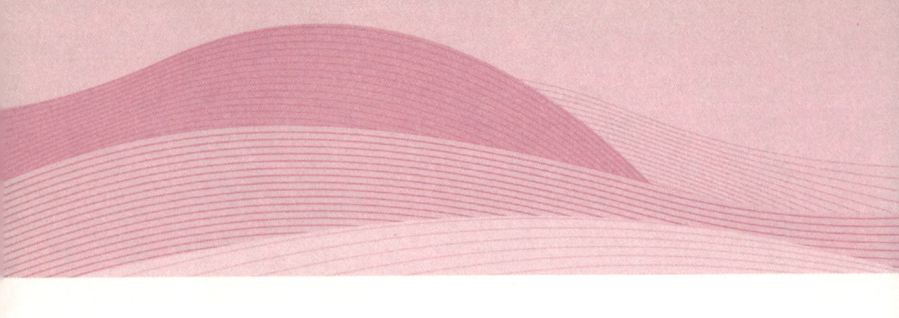

7 복 채널 · 93

1. 은혜_하나님이 값없이 주신다
2. 기도_하나님이 기도 받고 주신다
3. 축복_하나님이 축복 받고 주신다
4. 말씀_하나님이 순종 받고 주신다

8 단어 공부, 복과 축복 · 105

1. 복을 원어 사전에서 찾아보았다
2. 복과 축복하다는 원어로 같은 단어다
3. 표준국어대사전에 축복이 기독교 용어로 등재되어 있다

9 축복의 통로 · 115

1. 하나님이 아브람을 찾아가기까지 오직 하나님만 복을 주셨다
2. 너는 다른 사람들의 복이 될지라
3. 사람이 사람에게 복을 줄 수 있는 길이 생겼다

10 축복의 유형 · 123

1. 사울이 다윗을 축복
2. 멜기세덱이 아브람을 축복
3. 브두엘과 라반이 리브가를 축복
4. 이삭이 야곱을 축복
5. 야곱이 요셉의 두 아들을 축복
6. 야곱이 요셉을 축복
7. 아론과 그의 아들들에게 하나님이 가르쳐 주신 축복 예문
8. 모세가 이스라엘 백성을 축복
9. 엘리가 엘가나와 한나를 축복
10. 우리를 향한 예수님의 축복
11. 너희도 축복하라

Epilogue 바라크의 순환 · 139

• Intro

　복 이야기를 하려고 합니다. 지면에 제약을 받지 않고 편하게 글로 풀어가려고 합니다.
　사람들은 복을 사모하면서도 그것이 드러나면 수준이 낮은 사람이 될지 모른다는 생각으로 복에 대해 초연한 사람처럼 행동하기도 합니다. 그리스도인들도 예외는 아닙니다. 그리스도인이 경계하는 것 중 하나가 기복신앙입니다. 자신이 기복주의자 또는 기복신앙인으로 낙인찍히는 것에 대한 두려움이 있습니다.

　목사가 되기 위해 신학대학원 3년 과정을 거칩니다. 그때 참 많이 듣는 말 중 하나가 기복주의, 기복신앙입니다. 한

국교회 문제 중 하나가 기복주의라는 말도 듣습니다. 그 개념을 제대로 파악하기도 전이지만, 이때 설교 기회가 주어지면 들은 대로 설교하기도 합니다. 자녀를 키우는 부모들은 중학교 2학년 자녀가 겁이 난다는데 저는 신대원 2학년생이 겁이 납니다(웃음).

기복祈福의 단어 뜻은 복을 구하는 것입니다. 기복신앙은 복을 구하는 신앙이란 말입니다. 기복신앙에 대한 비판을 계속 듣다 보니 그리스도인 중에는 복을 구하는 것이 잘못이라고 생각하는 사람도 생겼습니다.

기복은 잘못이라고 여기고 성경을 읽는데 성경이 기복(복을 구하라)을 하라고 하니 헷갈리기 시작합니다. 그렇다고 누굴 붙잡고 묻기도 민망스러워 혼자 고민하다 나름의 묘책을 찾기도 합니다. 이것이 속으로는 복을 구하되 겉으로는 복을 초월한 것처럼 하는 이중적인 태도로 나타나기도 합니다.

목회를 하면서, 이런 성도들을 보며 안타까운 마음이 컸습니다. 사랑하는 성도들에게 성경을 통해 복을 정리해 나눠주고 싶었습니다. 지난 30년, 서울광염교회를 개척해 담임하며 틈틈이 저는 복에 관한 성경 공부를 통해 배우고 깨달은 것을 글과 설교로 성도들과 함께 나눴습니다.

목사도 공부하는 시간을 갖습니다. 평소에도 공부하지만 집중해서 공부하는 시간을 따로 떼어 갖습니다. 일종의 연수 기간이지요.

저는 주로 2월에 성경지리 연수를 했습니다. 성경의 역사가 펼쳐졌던 현장에서 필드 스터디를 했습니다. 낮에는 필드에 나가 공부하고 저녁에는 그것을 정리해 사진과 함께 교회 홈페이지에 올려 성도들과 나눴습니다.

지금 저는 이전과 다른 연수 시간을 보내는 중입니다. 하나님께서 올해는 골방 스터디를 할 기회를 주셨습니다. 복에 대해 좀 더 공부해서 성도들에게 주고 싶은 마음이 들었습니다. 이미 공부한 주제지만, 다시 한번 공부할 마음이 들었습니다.

무엇이든 우리의 기준은 성경입니다. 우리의 신앙과 생활의 근거는 성경입니다. 성경을 통해 사람을 공부하는 것이 인간론입니다. 성경을 통해 하나님을 공부하는 것이 신론입니다. 성경을 통해 결혼을 공부하고 얻은 결론이 그리스도인의 결혼관입니다.

성경을 통해 복을 공부하면 그것을 "복관" 또는 "복론"이라고 네이밍할 수 있지 않을까 싶습니다. 우리에게는 성경적인 복관福觀이 필요합니다.

이제 여러분과 복을 공부하러 성경으로 들어가려고 합니다.

기복주의, 기복신앙이라는 말을 들을 때마다 날 두고 하는 것 같다고 느껴 힘든 경험이 있는 이가 있으면 같이 갔으면 좋겠습니다.
축복이라는 말을 들으면 알레르기 반응이 나타나는 이가 있다면 같이 갔으면 좋겠습니다.
예수를 믿기 전부터 늘 복에 대해 들어왔기 때문에 '그 복이 그 복이겠지' 하는 이가 있다면 같이 갔으면 좋겠습니다.
개인적인 의견이 아니라 성경을 통해 복을 공부해 보고 싶은 이가 있으면 같이 갔으면 좋겠습니다.
성도들이 복에 대해 혼란스러워하는 데 성경을 통해 복을 정리해 가르쳐 주고 싶은 목회자가 있다면 같이 갔으면 좋겠습니다.
자녀들을 위해 축복할 때마다 이기적이거나 기복적으로 느껴져 괴로운 이가 있다면 같이 갔으면 좋겠습니다.
거리낌 없이 축복하며 복 받고 싶다고 말하고 싶지만, 그러면 자신의 신앙이 뭔가 잘못된 것 같아 속앓이하는 이가 있다면 같이 갔으면 좋겠습니다.
복이 정립되지 않아 '이것도 기복신앙인가?' 하여 기도 부탁도 마음껏 하지 못하는 이가 있다면 같이 갔으면 좋겠습니다.

성도들에게 복을 구해 복을 받으라고 하려다 마음 한편이 불편해 복을 구하라는 말을 삼킨 목회자가 있다면 같이 갔으면 좋겠습니다.

그리스도 안에서 하나님이 주신 자유를 누리고 싶은 이가 있다면 같이 갔으면 좋겠습니다.

같이 가시지요. 우리의 목표는 성경을 통해 우리의 복관을 정립하는 것입니다.

2022년 봄날에
목사 조현삼

Photo by 조현삼

1
복의 기원

1. 성경적인 복관을 정립하기 위해 성경으로 들어가다

성경에서 복을 찾아보았습니다. 우리말 성경에 복으로 번역된 단어를 성경을 기록한 원어로 찾아보았습니다. 성경 원어 몇을 우리말 성경은 복 또는 축복 등으로 번역했습니다. 이와 관련해서는 뒤에서 자세히 살펴보려고 합니다.

성경에 복이 많이 나옵니다. 창세기에서부터 요한계시록에 이르기까지 복은 성경에 골고루 나옵니다. 성경에 나오는 복은 좋은 의미입니다. 화나 저주와 상반된 개념입니다.

성경에는 복이 있는 사람이 나오고 화가 있는 사람이 나옵니다. 성경을 보면 "복이 있도다"라는 소리를 들은 사람이 있는가 하면 "화 있을진저"라는 소리를 들은 사람이 있습니다. 복을 받은 사람이 있고 저주를 받은 사람이 있습니다.

복을 받았다는 것은 좋은 것을 받았다는 의미입니다. 하나님이 아무개에게 복을 주셨다는 말은 '하나님이 아무개에게 좋은 것을 주셨다' 또는 '아무개를 좋게 하셨다'는 의미입니다. 사람이 아무개를 축복했다는 말 역시 '사람이 아무개에게 좋은 것을 주었다' 또는 '아무개를 좋게 했다'는 의미입니다.

우리 성경에 복으로 번역된 원어 중에는 단어 자체의 주된 의미가 '선한, 좋은, 아름다운'인 경우도 있습니다.

2. 하나님이 사람을 지으시고 가장 먼저 그에게 복을 주셨다

하나님이 사람을 창조하시고 가장 먼저 그에게 무엇을 주셨을까. 궁금합니다. 성경을 보면 하나님이 사람을 지으시고 가장 먼저 그에게 복을 주셨습니다. 그다음에 일을 주셨습니다. 밥을 주셨습니다. 쉼을 주셨습니다. 제가 쓴 책 중에 『복일밥쉼』이란 제목의 책이 있는데, 이 네 가지 주제를 간략히 다룬 책입니다.

　복을 주신 하나님이 사람에게 일을 주셨습니다. 사람은 일을 해야 삽니다. 일이 없으면 사람은 망가집니다. 일을 하려면 힘이 있어야 합니다.
　그 힘을 위해 하나님은 사람에게 밥을 주셨습니다. 사람은 밥을 먹어야 삽니다. 하나님이 사람을 밥 먹고 살도록 만드셨기 때문에 사람은 먹어야 삽니다. 이것은 창조질서입니다.
　일을 주신 하나님은 사람에게 쉼을 주셨습니다. 일을 주신 하나님은 사람이 일하는 데 필요한 힘을 얻는 두 가지를 주셨습니다. 하나가 밥입니다. 또 하나가 쉼입니다.
　사람은 쉬어야 삽니다. 쉬면 힘이 생깁니다. 자고 일어난 것밖에 없는데 우리 안에 힘이 생긴 것을 우리는 날마다 경험하고 있습니다. 복일밥쉼, 이것은 사람이 살아가는데 없어서는 안 될 것들입니다.

　하나님이 사람은 밥을 먹어야 살도록 디자인하셨습니다. 하나님은 사람을 지으실 때 밥을 소화시켜 영양소로 흡수할 위와 장과 간과 십이지장을 비롯한 소화 기관을 사람 안에 넣어주셨습니다. 소화 기관을 장착한 사람을 하나님이 지으셨습니다.

그러나 하나님은 먹을 것은 사람 안에 두지 않으셨습니다. 하나님이 소화 기관은 몸 안에 만들어 주시고 먹을 것은 몸 밖에 준비해 주셨습니다. 사람을 창조한 후에 하나님은 그들에게 "내가 온 지면의 씨 맺는 모든 채소와 씨 가진 열매 맺는 모든 나무를 너희에게 주노니 너희의 먹을 거리가 되리라"창 1:29라고 하셨습니다. 소화 기관은 타고났지만 밥은 타고나지 않았습니다.

우리는 이 땅에 태어나 밥을 받았습니다. 한 번 먹은 밥으로 평생 사는 것이 아닙니다. 우리는 먹고 먹고 또 먹습니다. 복도 마찬가지입니다.

3. 하나님이 사람을 복이 있어야 사는 존재로 만드셨다

우리는 하나님이 사람을 지으시고 그에게 가장 먼저 복을 주셨다는 것에 주목합니다. 이 말은 사람을 먹어야 사는 존재로 지으신 것처럼 하나님이 사람을 복이 있어야 사는 존재로 만드셨다는 말입니다.

사람이 밥을 먹지 못하면 기운이 없어 살 수 없는 것처럼 사람은 복이 없으면 허전해서 살 수가 없습니다. 사람들은 밥을 사모하듯이 복을 사모합니다. 이것은 정상입니다. 하나님이 사람은 복이 있어야 살 수 있도록 지으셨기 때문입니다.

복을 구하며 복 받기를 사모하는 사람들을 야단하는 것은 밥 먹기를 구하며 밥을 사모하는 사람을 야단하는 것과 마찬가지입니다.
지구상에 있는 모든 사람이 밥을 먹습니다. 어제도 먹었는데, 오늘 또 밥을 먹습니다. 내일도 먹을 것입니다. 언제까지 그렇게 밥밥밥 할 거냐고 묻는다면 답은 죽는 날까지입니다. 마찬가지입니다. 사람들을 향해 언제까지 복복복 할 거냐고 묻는다면 제가 대표로 대답합니다.
"죽는 날까지요."

이런 관점에서 사람들을 바라보면, 보이는 것이 있을 것입니다. 우리나라 사람만 복을 좋아하는 것으로 오해하는데, 그렇지 않습니다. 세계 모든 나라 모든 민족이 복을 좋아합니다. 세상에 있는 모든 종교와 그들의 전통신앙 속에는 다 복이 들어 있습니다.

그리스도인은 달라야 한다는 생각이 우리 안에 있습니다. 맞습니다. 그리스도인은 달라야 합니다. 그러나 그리스도인과 전도 대상자(불신자 또는 세상 사람이라고 분류할 수 있는 이들을 우리는 전도 대상자로 구분하고 그렇게 부릅니다)가 같은 것도 있습니다. 그리스도인도 숨을 쉬고 전도 대상자도 숨을 쉬어야 삽니다.

전도 대상자도 복을 구하고 그리스도인도 복을 구하면 그리스도인이 세상과 무엇이 다르냐고 반문할 수 있습니다. 이 질문은 전도 대상자가 밥을 먹는데 그리스도인도 밥을 먹으면 세상과 그리스도인이 무엇이 다르냐고 묻는 것과 같습니다.

하나님이 사람을 창조하신 후에 그들에게 주신 복일밥쉼은 신불신信不信을 막론하고 세상 모든 사람에게 필요합니다. 사람은 복이 필요한 존재입니다. 일과 밥과 쉼이 사람이면 누구에게나 필요한 것처럼 복도 모든 사람에게 필요합니다. 사람은 밥을 먹어야 하듯이 복을 받아야 합니다.

한 번 먹은 밥으로
평생 사는 것이 아닙니다.
우리는 먹고 먹고 또 먹습니다.
복도 마찬가지입니다.

Photo by 조현삼

2
기복 祈福

우리는 성경을 통해 모든 사람은 다 복 받기를 원한다는 사실을 배웠습니다. 복 받기를 원하고 사모하는 것은 비난할 일이 아닙니다. 복이 있어야 살도록 하나님이 사람을 지으셨기 때문에 우리는 이것을 당연한 것으로 여기고 받아들여야 합니다. 우리는 이것을 기본으로 하고 복 공부를 이어갑니다.

1. 복을 구하는 것은
지양해야 할까 지향해야 할까

이제 우리는 성경으로 들어가 그리스도인이 복을 구하는

것에 대해 살펴보려고 합니다. 그리스도인이 복을 구해도 되는지, 복을 구하는 것은 지양止揚해야 할지, 지향志向해야 할지 성경에서 답을 찾아보려고 합니다. 그리스도인의 기복에 대해 우리는 어떻게 정의해야 하는가. 이 부분을 성경을 통해 정리하려고 합니다.

먼저 성경에 하나님께 복을 구하는 사람들이 있는지 찾아보는 작업을 했습니다. 어렵지 않게 성경에서 하나님께 복을 구하고 있는 사람들을 만날 수 있었습니다. 그 사람들을 소개합니다.

모세는 이스라엘 백성들에게 십일조를 드린 후에 이렇게 기도하라고 가르쳤습니다.

원하건대 주의 거룩한 처소 하늘에서 보시고 주의 백성 이스라엘에게 복을 주시며 우리 조상들에게 맹세하여 우리에게 주신 젖과 꿀이 흐르는 땅에 복을 내리소서 할지니라 신 26:15

시편 기자들도 하나님께 복을 구했습니다.

구원은 여호와께 있사오니 주의 복을 주의 백성에게 내리소서(셀라) 시 3:8

그들은 내게 저주하여도 주는 내게 복을 주소서 시 109:28

주의 백성을 구원하시며 주의 산업에 복을 주시고 또 그들의 목자가 되시어 영원토록 그들을 인도하소서 시 28:9

여호와께서 우리를 생각하사 복을 주시되 이스라엘 집에도 복을 주시고 아론의 집에도 복을 주시며 높은 사람이나 낮은 사람을 막론하고 여호와를 경외하는 자들에게 복을 주시리로다 시 115:12-13

우리가 잘 아는 야베스는 "주께서 내게 복을 주시려거든 나의 지역을 넓히시고 주의 손으로 나를 도우사 나로 환난을 벗어나 내게 근심이 없게 하옵소서" 대상 4:10라고 구했고 하나님은 그가 구하는 것을 허락하셨습니다.

성경은 복을 구하는 것을 금하거나 정죄하지 않았습니다. 성경을 보면 사람들은 자신을 위해서도 복을 구했고 다른 사람을 위해서도 복을 구했고 나라와 민족을 위해서도 복을 구했습니다. 자신을 위해서 복을 구하는 것은 기복신앙이고 다른 사람을 위해서 복을 구하는 것은 기복신앙이 아니라는 구분을 성경에서는 찾을 수 없습니다.

성경을 통해 얻은 답은 "그리스도인은 복을 구해도 된다"입니다. 아니 한 걸음 더 나아가 그리스도인은 복을 구해야 합니다.

2. 복은 누구에게 구해야 할까

이제 우리는 복을 구하는 대상에 대해 성경을 통해 공부하려고 합니다. 복을 누구에게 구해야 하는가. 당연히 복은 복을 갖고 있는 이에게 구해야 합니다. 그렇다면 누가 복을 갖고 있는지 그것부터 성경에서 살펴봐야 합니다. 찾아봤습니다.

> 구원은 여호와께 있사오니 주의 복을 주의 백성에게 내리소서(셀라) 시 3:8

이 말씀에 "주의 복"이라는 표현이 나옵니다. 이것은 우리에게 복이 누구에게 있는지 알려주는 힌트입니다.

이러므로 땅에서 자기를 위하여 복을 구하는 자는 진리의 하나님을 향하여 복을 구할 것이요 사 65:16

성경은 우리에게 아주 명확하게 복을 하나님께 구하라고 합니다.

전도 대상자들의 가장 안타까운 점이 바로 이것입니다. 그들이나 우리나 복이 필요한 것도 같고 복을 구하는 것도 같습니다. 그러나 그들이 복을 구하는 대상과 그리스도인이 복을 구하는 대상은 다릅니다. 그리스도인은 하나님께 복을 구합니다. 전도 대상자들은 하나님이 아닌 다른 것에 복을 구합니다.

복의 근원이신 하나님이 아니라 하늘의 해와 달과 별들이나 사람의 손으로 만든 우상에게 복을 구하는 것은 참으로 안타까운 일입니다.

3

성경에서 찾아 세운 복의 정의 1
하나님이 복이다

이제 우리는 복관을 정립하는데 중요한 요소인 복이 무엇인지를 성경을 통해 정의하려고 합니다.

이것은 아주 중요한 부분인데 간과하는 경우가 많아 안타깝습니다. 어려서부터 복을 들었기 때문에 복에 대해서 안다고 생각하는 경우가 많습니다. 마치 결혼에 대해 어려서부터 주변에서 보고 들은 게 있어 결혼이 무엇인지 안다고 생각하는 것과 같습니다.

가정사역을 하면서 결혼이 무엇이냐고 물었을 때 당황하는 이들을 많이 보았습니다. 복도 마찬가지입니다. 복이 무엇입니까? 무엇이 복입니까? 이 질문에 대한 답을 우리는 성경을 통해 갖고 있어야 합니다.

1. 하나님이 복이다

성경이 "이것이 복이다"라고 가르치는 것들을 찾아 들어갔습니다. 성경에 답이 있었습니다.

가장 먼저 눈에 띈 것은 시편 말씀입니다.
시편 기자는 "주는 나의 주님이시오니 주 밖에는 나의 복이 없다"시 16:2라고 고백했습니다. 시편 기자는 주님을 나의 복이라고 정의했습니다. 그는 "주 밖에는 나의 복이 없다"라고 했습니다. 이 복이 최고라는 의미입니다. 가장 좋은 복, 가장 큰 복이 하나님이라는 고백입니다.
그럴 일이 없겠지만, 노파심에 한마디 덧붙입니다. 시편 기자의 이 말을 하나님 외에는 복이 아니다로 적용하는 일은 없어야 합니다.

성경은 단호하게 말합니다. "하나님이 복이다." 하나님은 복을 주시는 분이십니다. 또한 하나님 자신이 복입니다. 하나님이 복을 주셨다는 것은 하나님을 주셨다는 의미이기도 합니다. 임마누엘은 이런 의미에서 우리에게 큰 복입니다. 하나님이 예수님을 우리에게 주신 것은 아주 큰 복을 우리에게 주신 것입니다. 예수는 우리에게 큰 복입니다.

사람에게 복이 필요하다는 말은 곧 사람에게 하나님이 필요하다는 말입니다. 사람은 하나님이 있어야 안전합니다. 하나님이 있어야 든든합니다. 사람을 지으신 하나님의 기본 디자인은 사람이 하나님과 함께 사는 것입니다. 이 하나님의 계획에 따라 하나님은 사람을 지으시고 그들에게 복을 주셨습니다. 곧 하나님을 주셨습니다.

하나님께 복을 받은 사람은 복 있는 사람입니다. 하나님 있는 사람입니다. 사람은 하나님과 같이 살았습니다. 하나님은 사람 안에, 사람은 하나님 안에 살았습니다. 하나님과 사람은 하나였습니다. 하나님과 연합한 사람이 거기 있었습니다.

안타깝게도 죄로 말미암아 사람에게서 하나님이 떠나셨습니다. 사람이 하나님을 잃어버렸습니다. 하나님이 떠남으로 사람 안에 하나님의 자리가 비었습니다. 이것이 공허함과 허전함의 원천입니다.

아담과 하와는 하나님을 잃어버린 사람, 복을 잃어버린 사람이 되었습니다. 그들은 복 없는 사람이 되었습니다. 복이 떠난 자리에 화가 찾아왔습니다. 하나님이 떠난 자리를 저주가 차지했습니다. 하나님 없는 그들은 불행해졌습니다. 복 없는 그들은 불행해졌습니다.

사람들이 복을 갈망하는 것은 실은 하나님을 갈망하는 것입니다. 잃어버린 하나님을 갈망하는 것입니다.

우리는 전도 대상자들에게 그들이 갈망하는 복이 하나님이라는 것을 알려 줘야 합니다. 당신이 그렇게 찾고 갈망하는 복이 하나님이라고 전해 줘야 합니다. 예수님이 복이라고 말해 줘야 합니다. 하나님 없는 사람들에게 하나님 있는 삶을 살도록 안내해야 합니다. 그 삶을 선물해야 합니다.

사람들이 다 복을 갈망하고 있다는 사실은 전도에 아주 중요한 접촉점입니다. "당신은 복 받기 원합니까?" 이 질문은 우리가 전도 대상자에게 말을 걸기에 아주 좋은 질문입니다. 아마 대부분 다 그렇다고 대답할 것입니다. 물론 이 질문에 나오는 '당신'은 상황에 맞게 어르신, 아주머니, 선생님, 학생, 젊은이 등으로 바꿔 사용해야 하겠지요.

"제가 당신에게 복 받는 길을 좀 알려드리고 싶은데, 잠시 시간을 내 주실 수 있을까요?" 이렇게 하고 하나님이 복인 것을 풀어줍니다. 이어 예수님이 하나님이심을 전합니다. 당신이 예수님을 받으면 그것은 복을 받는 것이라고 확실하게 말합니다.

이 설명 후에 "당신은 지금 여기서 복을 받을 수 있습니다"라고 말하고, 그를 구원으로 초청합니다. "예수님이 복입니다. 예수님을 영접하면 당신은 복을 영접하는 것입니다."

그가 "예"라고 대답하면 선언해야 합니다. "당신이 그렇게 찾고 갈망하던 복을 이제 찾은 것입니다. 예수님을 받은 당신은 복을 받은 것입니다. 당신은 복 있는 사람입니다."

그런데 안타깝게도, 이 좋은 것을 우리는 사용하지 않고 사장시키고 있습니다. 복을 찾는 그들에게 다가가 같이 복을 찾아줘야 하는데, 이것을 놓칩니다. 기복신앙이란 비판이 낳은 엉뚱한 결과인지 모릅니다.

기복신앙을 비판하며 복을 구하는 신앙은 잘못이라고 적용하다 보니, 자신도 복 구하기를 주저하는데 복을 구하는 전도 대상자에게 '당신이 복을 구하는 것은 지극히 정상적'이라며 내가 그것을 도와주겠다고 나서기가 쉽지 않은 일입니다.

우리는 사람에게 복이 필요하다는 것과 하나님이 복이라는 것을 알았으니, 이제라도 복을 구하고 찾는 이들에게 다가가 당신이 찾는 복을 같이 찾아주겠다고 나서야 합니다. 이 책의 제목인 "우리는 복이 필요합니다"를 우리만 사용해서는 안 됩니다. 전도 대상자들을 향해서도 "당신은 복이 필요합니다"라고 전해 줘야 합니다.

하나님이 없는 사람은 곧 복 없는 사람이라는 것을 주목하고 예수님이 신앙고백을 한 베드로에게 하신 말씀을 읽어보려고 합니다.

베드로가 예수님을 향해 "주는 그리스도시요 살아 계신 하나님의 아들이시니이다"마 16:16라고 고백하자 예수님은 그를 향해 "바요나 시몬아 네가 복이 있도다"마 16:17라고 선언하셨습니다.

많고 많은 말 중에 왜 예수님이 신앙고백을 한 베드로에게 이 말을 하셨을지를 생각해 봐야 합니다. 복 없던 사람이 복 있는 사람이 되었다는 선언입니다. 하나님 없던 사람이 하나님 있는 사람이 되었다는 선언입니다. 에덴동산에서 잃어버린 하나님을 가이사랴 빌립보에서 베드로가 도로 찾은 것입니다.

이것은 예수 믿을 때 우리에게 일어나는 놀라운 대역사입니다. 예수 믿으면, 복 없는 사람이 복 있는 사람이 됩니다. 하나님 없던 사람이 하나님 있는 사람이 됩니다. 그날부터 하나님과 같이 사는 삶이 시작됩니다.

예수님은 하나님입니다. 예수님을 본 자는 하나님을 본 자입니다. 예수님은 빌립에게 "빌립아 내가 이렇게 오래 너희와 함께 있으되 네가 나를 알지 못하느냐"며 "나를 본 자는 아버지를 보았거늘 어찌하여 아버지를 보이라 하느냐" 요 14:9라고 반문하셨습니다.

예수님이 하나님으로 보이는 사람이 있고 보이지 않는 사람이 있습니다. 우리 눈에는 예수님이 하나님으로 보입니다. 이런 우리를 향해 예수님은 "너희 눈은 봄으로, 너희 귀는 들음으로 복이 있도다" 마 13:16라고 하십니다.

2. 전도 대상자들은
하나님이 복인 것을 모른다

복이 하나님입니다. 사람들이 복을 갈망하는 이유는 복인 하나님을 잃어버렸기 때문입니다. 복을 갈망하는 사람은 하나님을 갈망합니다. 시편 기자는 "하나님이여 사슴이 시냇물을 찾기에 갈급함 같이 내 영혼이 주를 찾기에 갈급하니이다" 시 42:1라고 고백했습니다. 그는 자신의 영혼이 하나님 곧 살아 계시는 하나님을 갈망한다고 이어 고백했습니다. 이것이 복을 구하는 것입니다.

성경은 "전심으로 여호와를 구하는 자는 복이 있도다" 시 119:2라고 합니다. 하나님을 복으로 알고 하나님을 구하는 것, 이것이 복을 구하는 정석입니다.

안타까운 것은 우리의 전도 대상자들은 하나님이 복인 것을 모릅니다. 그러다 보니 하나님을 구해야 하는데 엉뚱한 것을 구합니다. 하나님을 구해 자신 안에 비어 있는 하나님의 빈자리를 하나님으로 채워야 하는데 하나님이 아닌 것으로 하나님의 자리를 채우려고 합니다.

하나님은 이런 전도 대상자들에게 하나님이 복이라고 알려주는 일을 우리에게 부탁하셨습니다. 하나님이 복이고 예수님이 복이라고 그들에게 알려줘야 합니다. 성령님이 복인 것을 그들이 알기까지 우리는 이 사실을 전하고 또 전해야 합니다.

예수님을 영접하라는 말은 복을 영접하라는 말입니다. 성령을 충만히 받으라는 말은 복을 충만히 받으라는 말입니다. 전도 대상자들 귀에도 이것이 이렇게 들렸으면 좋겠습니다.

3. 하나님을 복으로 받은 사람은 하나님의 소유도 복으로 받는다

설명 하나를 덧붙일까 싶습니다. 복이신 하나님은 어떤 분이신가요. 하늘과 땅과 그 가운데 있는 모든 것이 다 하나님의 것입니다. 은과 금만 아니라 지혜도 명철도 총명도 다 하나님의 것입니다.

그 하나님을 받으면 어떻게 될까요. 하나님이, 하나님이 갖고 계신 것은 다 놓고 빈 몸으로 나 여기 있다 하고 우리 안으로 들어오실까요. 혹시 사람 중에는 결혼하면서 동산이나 부동산을 놓고 오는 사람이 있을 수 있지만, 하나님은 그런 분이 아닙니다.

이와 관련해 성경은 우리에게 확실한 이야기 하나를 해 줍니다. 성경은 "영접하는 자 곧 그 이름을 믿는 자들에게는 하나님의 자녀가 되는 권세를 주셨으니"요 1:12라고 합니다. 예수님을 영접하면 하나님의 자녀가 됩니다. 하나님의 자녀가 되는 것을 성경은 권세라고 했습니다.

이것을 성경이 권세라고 한 이유가 있습니다. 바울은 로마교회에 써 보낸 편지를 통해 "자녀이면 또한 상속자 곧 하나님의 상속자요"롬 8:17라고 단언했습니다.

하나님의 자녀가 되는 것이 권세인 이유는 자녀이면 또한 상속자 곧 하나님의 상속자이기 때문입니다. 하늘과 땅과 그 가운데 있는 모든 것의 주인이신 하나님의 상속자가 되는 것은 권세지요. 큰 권세, 특별한 권세입니다.

4

성경에서 찾아 세운 복의 정의 2

구원이 복이다

'하나님이 복이다'를 정리한 우리는 이제 성경이 또 무엇을 복이라고 하는지 찾아 성경 안으로 들어가려고 합니다.

성경에서 '이 사람은 복이 있다'라고 예를 든 사람들이 있습니다. 그들이 복이 있다는 말은 곧 그들이 받은 것이 복이라는 의미입니다. 이런 관점에서 성경이 이 사람은 복이 있다고 한 사람들을 찾아갔습니다.

여러 종류의 사람들이 복 있는 사람으로 나타났습니다. 그 사람들을 바라보며 그들을 크게 하나로 묶을 단어가 생각났습니다. 그것은 구원입니다.

구원의 서정이란 말을 아마 들어보았을 것입니다. 소명

(부르심), 중생(거듭남), 회개, 신앙, 칭의, 입양(양자 됨), 성화, 견인, 영화. 이렇게 아홉 개 또는 소명 앞에 예정을 넣어 열 개를 구원의 서정이라고 합니다. 아홉 개로 구분할 때는 소명에 예정을 포함합니다.

여기서 구원의 서정을 다루려는 것은 아닙니다. 여기 언급된 아홉 가지가 다 구원이라는 이야기를 하려는 것입니다. 성경이 '이 사람은 복이 있다'라고 한 사람들을 모아 놓고 보니 그들은 다 구원받은 사람들이었습니다.

성경은 구원이 복이라고 아주 분명하게 말하고 있습니다. 시편 기자는 돌려 말하지 않고 직접 구원이 복이라며 그 복을 구했습니다.

> 구원은 여호와께 있사오니 주의 복을 주의 백성에게 내리소서(셀라) 시 3:8

요한계시록은 "어린 양의 혼인 잔치에 청함을 받은 자들은 복이 있도다"계 19:9라고 했습니다. 이제 우리는 성경을 통해 과연 그런지 살펴보려고 합니다.

1. 천국이 복이다

시편 기자는 "주의 집에 사는 자들은 복이 있나니 그들이 항상 주를 찬송하리이다(셀라)"시 84:4라고 했습니다. 주의 집은 하나님의 집입니다. 하늘 집입니다. 하늘 집을 한문으로 쓰면 천당天堂입니다. 하늘나라는 한문으로 천국天國입니다. 천당과 천국은 같은 곳입니다.

주의 집에 사는 자들은 복이 있다는 말은 천당, 곧 천국에 사는 자는 복이 있다는 말입니다. 천국에 사는 자들은 복이 있습니다. 죽은 후에 천국에 들어가 거기서 살 사람은 복이 있습니다. 지금 이 땅에서 그 천국을 미리 사는 사람은 복이 있습니다.

성경은 천국을 소개하며 "오직 성령 안에 있는 의와 평강과 희락"롬 14:17이라고 설명했습니다. 의와 평강과 희락의 나라를 이 땅에서 미리 살다 죽은 후에 천국에 들어가는 이것이 구원입니다. 이것이 복입니다.

선지자 이사야는 구원을 설명하며 "마침내 위에서부터 영을 우리에게 부어 주시리니 광야가 아름다운 밭이 되며 아름다운 밭을 숲으로 여기게 되리라"사 32:15고 했습니다. 구원은 광야가 아름다운 밭이 되는 회복입니다.

이사야는 이어 "그 때에 정의가 광야에 거하며 공의가 아름다운 밭에 거하리니 공의의 열매는 화평이요 공의의 결과는 영원한 평안과 안전이라"사 32:16-17고 했습니다. 천국은 정의와 공의가 있고 그 열매인 화평과 영원한 평안과 안전이 있습니다.

이사야는 천국 삶을 "내 백성이 화평한 집과 안전한 거처와 조용히 쉬는 곳에 있을 곳"사 32:18이라고 묘사했습니다. 천국은 화평한 집입니다. 안전한 거처입니다. 조용한 쉼이 있는 곳입니다. 천국을 미리 사는 자들은 복이 있습니다.

예수 믿으면 죽은 후에 들어갈 천국을 이 땅에서 미리 살다 죽으면 천국에 들어갑니다. 천국을 경험하며 살다 천국 가는 이것이 복입니다.

2. 소명이 복이고 예정이 복이고 하나님의 자녀 된 것이 복이다

시편 기자는 "여호와를 자기 하나님으로 삼은 나라 곧 하나님의 기업으로 선택된 백성은 복이 있도다"시 33:12라고 합니다. 시편 기자는 "주께서 택하시고 가까이 오게 하사 주의 뜰에 살게 하신 사람은 복이 있나이다"라며 "우리가 주의 집 곧 주의 성전의 아름다움으로 만족하리이다"시 65:4라고 노래했습니다.

바울은 에베소교회에 편지를 써 보내며 이렇게 말했습니다.

> 찬송하리로다 하나님 곧 우리 주 예수 그리스도의 아버지께서 그리스도 안에서 하늘에 속한 모든 신령한 복을 우리에게 주시되 곧 창세 전에 그리스도 안에서 우리를 택하사 우리로 사랑 안에서 그 앞에 거룩하고 흠이 없게 하시려고 그 기쁘신 뜻대로 우리를 예정하사 예수 그리스도로 말미암아 자기의 아들들이 되게 하셨으니 이는 그가 사랑하시는 자 안에서 우리에게 거저 주시는 바 그의 은혜의 영광을 찬송하게 하려는 것이라 엡 1:3-6

바울은 창세전에 그리스도 안에서 우리를 택하사 우리로 사랑 안에서 그 앞에 거룩하고 흠이 없게 하시려고 그 기쁘신 뜻대로 우리를 예정하신 것을 신령한 복이라고 정의했습니다. 선택이 복이고 예정이 복이라는 것이 이 말씀 안에 들어 있습니다.

뿐만 아니라 "그 앞에 거룩하고 흠이 없게 하시려고"라는 표현 속에 성화가 복이라는 것도 담겨 있습니다. 또한 "예수 그리스도로 말미암아 자기의 아들들이 되게 하셨다"는 말 속에 양자 됨이 복이라는 것도 들어 있습니다. 구원의 서정 여러 개가 바울의 이 짧은 말 속에 들어 있습니다.

구원은 하나님이 우리를 만세 전에 택하신 것으로부터 시작되었습니다. 하나님이 우리를 구원하시기로 예정하시고 때가 되어 우리를 부르셨습니다. 이것이 복입니다.

3. 회개 _ 죄 사함을 받은 것이 복이다

성경은 이렇게 말합니다.

허물의 사함을 받고 자신의 죄가 가려진 자는 복이 있도다 시 32:1

마음에 간사함이 없고 여호와께 정죄를 당하지 아니하는 자는 복이 있도다 시 32:2

네게 있는 믿음을 하나님 앞에서 스스로 가지고 있으라 자기가 옳다 하는 바로 자기를 정죄하지 아니하는 자는 복이

있도다 롬 14:22

바울은 "불법이 사함을 받고 죄가 가리어짐을 받는 사람들은 복이 있고 주께서 그 죄를 인정하지 아니하실 사람은 복이 있도다"롬 4:7-8를 인용해 죄 사함을 받은 것이 복이라고 선포했습니다. "불법이 사함을 받고 죄가 가리어짐을 받는 사람들은 복이 있다." 죄 사함을 받는 것이 복입니다. 구원의 서정 가운데 회개가 우리가 우리의 죄를 자백하고 죄 사함을 받는 것입니다. 이것도 구원입니다.

예수 믿으면 구원받는다는 말 속에는 예수 믿으면 죄 사함을 받는다는 의미가 들어 있습니다. 구원이 복입니다. 예수 믿으면 복 받는다는 말은 예수 믿으면 구원받는다, 예수 믿으면 죄 사함을 받는다는 말입니다.

4. 믿음_믿는 것이 복이다

우리는 믿음으로 구원받습니다. 예수님은 제자들에게 너희가 나를 믿는 것이 복이라고 누차 말씀하셨습니다.

이 백성들의 마음이 완악하여져서 그 귀는 듣기에 둔하고 눈은 감았으니 이는 눈으로 보고 귀로 듣고 마음으로 깨달아 돌이켜 내게 고침을 받을까 두려워함이라 하였느니라 그러나 너희 눈은 봄으로, 너희 귀는 들음으로 복이 있도다 마 13:15-16

내 아버지께서 모든 것을 내게 주셨으니 아버지 외에는 아들이 누구인지 아는 자가 없고 아들과 또 아들의 소원대로 계시를 받는 자 외에는 아버지가 누구인지 아는 자가 없나이다 하시고 제자들을 돌아 보시며 조용히 이르시되 너희가 보는 것을 보는 눈은 복이 있도다 눅 10:22-23

믿음이 복입니다.
성경은 이렇게 말합니다.

이러한 백성은 복이 있나니 여호와를 자기 하나님으로 삼는 백성은 복이 있도다 시 144:15

여호와를 의지하고 교만한 자와 거짓에 치우치는 자를 돌아보지 아니하는 자는 복이 있도다 시 40:4

야곱의 하나님을 자기의 도움으로 삼으며 여호와 자기 하

나님에게 자기의 소망을 두는 자는 복이 있도다 시 146:5

주께 힘을 얻고 그 마음에 시온의 대로가 있는 자는 복이 있나이다 시 84:5

그러나 여호와께서 기다리시나니 이는 너희에게 은혜를 베풀려 하심이요 일어나시리니 이는 너희를 긍휼히 여기려 하심이라 대저 여호와는 정의의 하나님이심이라 그를 기다리는 자마다 복이 있도다 사 30:18

하나님을 믿고 하나님을 신뢰하고 하나님을 의지하고 하나님을 기다리는 것이 복입니다. 하나님을 믿는 것을 성경은 여호와를 경외하는 것이라고 표현하기도 합니다. 같은 말입니다.

할렐루야, 여호와를 경외하며 그의 계명을 크게 즐거워하는 자는 복이 있도다 시 112:1

여호와의 증거들을 지키고 전심으로 여호와를 구하는 자는 복이 있도다 시 119:2

여호와를 경외하며 그의 길을 걷는 자마다 복이 있도다

시 128:1

여호와를 경외하는 것은 하나님을 믿는 것입니다. 하나님을 믿는 것이 복입니다.

예수님을 향해 "주는 그리스도시요 살아 계신 하나님의 아들"이라고 신앙고백을 한 베드로에게 예수님은 "바요나 시몬아, 네가 복이 있도다"라고 하셨습니다. 믿는 자를 예수님은 복이 있다고 하셨습니다.

도마가 우여곡절 끝에 예수님을 향해 "나의 주님이시요 나의 하나님이시니이다"요 20:28라고 신앙을 고백했습니다. 예수님은 도마를 향해 "너는 나를 본 고로 믿느냐"고 한마디 하신 후에 "보지 못하고 믿는 자들은 복되도다"요 20:29라고 하셨습니다. 예수님은 거듭 믿는 자를 복되다고 하셨습니다.

바울은 "그러므로 믿음으로 말미암은 자는 믿음이 있는 아브라함과 함께 복을 받느니라"갈 3:9고 했습니다. 믿는 것이 복입니다.

구약의 복음서인 잠언에 예수님은 지혜와 명철로 나타납니다. 잠언은 "지혜를 얻은 자와 명철을 얻은 자는 복이 있나니"잠 3:13라고 합니다. 예수를 얻은 자는 복이 있다는 구약 버전입니다. 예수님을 믿는 것이 복입니다.

성경은 믿음으로 보는 책입니다. 믿음이 없이는 읽을 수는 있어도 깨달을 수는 없습니다. 성경이 믿어지고 성경이 깨달아지는 것은 복입니다. 성경은 하나님의 말씀이고 하나님의 말씀은 반드시 이루어질 것이라고 믿는 것은 복입니다.

성경은 "주께서 하신 말씀이 반드시 이루어지리라고 믿은 그 여자에게 복이 있도다"눅 1:45라고 합니다. 세례 요한의 어머니 엘리사벳이 성령이 충만하여 마리아에게 한 말입니다. 성경이 하나님의 참되신 말씀임을 믿는 것이 복입니다.

5. 칭의 _ 믿음으로 의롭다 함을 받은 것이 복이다

바울은 로마서 4장을 시작하며 "그런즉 육신으로 우리 조상인 아브라함이 무엇을 얻었다 하리요 만일 아브라함이 행위로써 의롭다 하심을 받았으면 자랑할 것이 있으려니와 하나님 앞에서는 없느니라"라고 단호하게 말했습니다.

이어 바울은 "성경이 무엇을 말하느냐"라고 묻고 자신이 "아브라함이 하나님을 믿으매 그것이 그에게 의로 여겨진

바 되었느니라"롬 4:3고 대답했습니다.

바울은 믿음으로 의롭다 함을 받은 은혜를 "일하는 자에게는 그 삯이 은혜로 여겨지지 아니하고 보수로 여겨지거니와 일을 아니할지라도 경건하지 아니한 자를 의롭다 하시는 이를 믿는 자에게는 그의 믿음을 의로 여기시나니 일한 것이 없이 하나님께 의로 여기심을 받는 사람의 복에 대하여 다윗이 말한 바 불법이 사함을 받고 죄가 가리어짐을 받는 사람들은 복이 있고 주께서 그 죄를 인정하지 아니하실 사람은 복이 있도다 함과 같으니라"롬 4:4-8라고 숨도 쉬지 않고 말했습니다.

바울은 "그런즉 이 복이 할례자에게냐 혹은 무할례자에게도냐"라고 묻고 스스로 "무릇 우리가 말하기를 아브라함에게는 그 믿음이 의로 여겨졌다 하노라"롬 4:9라고 대답했습니다. 믿음으로 의롭다 함을 받은 것이 복입니다.

6. 성화 _ 말씀을 지키는 것이 복이다

성경은 이렇게 말합니다.

내가 네게 명령하는 이 모든 말을 너는 듣고 지키라 네 하

나님 여호와의 목전에 선과 의를 행하면 너와 네 후손에게 영구히 복이 있으리라 신 12:28

너희가 이것을 알고 행하면 복이 있으리라 요 13:17

보라 내가 속히 오리니 이 두루마리의 예언의 말씀을 지키는 자는 복이 있으리라 하더라 계 22:7

자유롭게 하는 온전한 율법을 들여다보고 있는 자는 듣고 잊어버리는 자가 아니요 실천하는 자니 이 사람은 그 행하는 일에 복을 받으리라 약 1:25

정의를 지키는 자들과 항상 공의를 행하는 자는 복이 있도다 시 106:3

누구든지 내게 들으며 날마다 내 문 곁에서 기다리며 문설주 옆에서 기다리는 자는 복이 있나니 잠 8:34

아들들아 이제 내게 들으라 내 도를 지키는 자가 복이 있느니라 잠 8:32

온전하게 행하는 자가 의인이라 그의 후손에게 복이 있느니라 잠 20:7

묵시가 없으면 백성이 방자히 행하거니와 율법을 지키는 자는 복이 있느니라 잠 29:18

이 예언의 말씀을 읽는 자와 듣는 자와 그 가운데에 기록한 것을 지키는 자는 복이 있나니 때가 가까움이라 계 1:3

예수께서 이르시되 오히려 하나님의 말씀을 듣고 지키는 자가 복이 있느니라 눅 11:28

성경 말씀을 지키는 것이 복입니다.

성화는 거룩하게 변화되는 것입니다. 성화는 하나님의 말씀을 따라 사는 것입니다. 성경대로 하면 거룩해집니다. 성경이 우리의 기준입니다. 세상이 좋다 하여도 성경이 나쁘다 하면 우리는 그것을 버립니다. 사람들이 교훈과 징계 받는 것을 싫어하더라도 성경이 이것은 좋은 것이라고 하면 우리는 교훈과 징계를 좋은 것으로 여기고 받아들입니다. 우리의 생각과 판단보다 성경이 위입니다.

성화의 과정에 없어서는 안 되는 것이 교훈과 징계입니다. 성화가 복인 것처럼 그 과정에 반드시 들어 있는 교훈과 책망과 징계도 복입니다. 성경은 이렇게 말하고 우리는 이 말씀을 아멘으로 받습니다.

여호와여 주로부터 징벌을 받으며 주의 법으로 교훈하심을 받는 자가 복이 있나니 시 94:12

볼지어다 하나님께 징계 받는 자에게는 복이 있나니 그런즉 너는 전능자의 징계를 업신여기지 말지니라 욥 5:17

성화는 사랑하는 사람으로 변화되는 것입니다. 그리스도인은 위로는 하나님을 사랑하고 땅으로는 사람을 사랑하는 사람으로 변화되고 있습니다. 이것이 성화입니다.

사랑은 참는 것입니다. 사랑은 오래 참는 것입니다. 사랑은 모든 것을 참는 것입니다. 참고 견디는 것이 사랑입니다. 예수를 믿고 따를 때 고난이 있습니다. 박해가 있습니다. 고난과 핍박을 참고 견디는 것, 그것도 사랑입니다.

성경은 고난과 핍박을 받고 당하는 것을 복이라고 합니다. 사람들이 생각할 때는 전혀 복 같지 않은데 성경은 복이라고 합니다. 우리는 성경을 믿습니다. 성경이 복이라고 하면 우리는 우리 생각에 복 같지 않아도 복이라고 믿고 받습니다. 찾은 성경을 봅니다.

나로 말미암아 너희를 욕하고 박해하고 거짓으로 너희를 거슬러 모든 악한 말을 할 때에는 너희에게 복이 있나니 마 5:11

인자로 말미암아 사람들이 너희를 미워하며 멀리하고 욕하고 너희 이름을 악하다 하여 버릴 때에는 너희에게 복이 있도다 눅 6:22

그러나 의를 위하여 고난을 받으면 복 있는 자니 그들이 두려워하는 것을 두려워하지 말며 근심하지 말고 벧전 3:14

너희가 그리스도의 이름으로 치욕을 당하면 복 있는 자로다 영광의 영 곧 하나님의 영이 너희 위에 계심이라 벧전 4:14

7. 영화 _ 주 안에서 죽는 것이 복이다

구원의 서정 마지막에 영화가 있습니다. 성화는 거룩하게 변화되는 것이고 영화는 영광스럽게 변화되는 것입니다. 성화는 살아 있는 동안에 이루어지는 일이고 영화는 죽은 후에 이루어지는 일입니다. 예수를 믿는 우리는 죽은 후에 영화에 이릅니다. 그렇기에 예수를 믿는 우리는 죽는 것도 복입니다. 이것을 성경은 이렇게 말합니다.

> 또 내가 들으니 하늘에서 음성이 나서 이르되 기록하라 지금 이후로 주 안에서 죽는 자들은 복이 있도다 하시매 성령이 이르시되 그러하다 그들이 수고를 그치고 쉬리니 이는 그들의 행한 일이 따름이라 하시더라 계 14:13

8. 영생이 복이다

구원을 의미하는 표현은 우리가 지금 살펴보고 있는 것처럼 다양합니다. 구원을 영생이라고 하기도 합니다. '구원을 얻게 하려 하심'이라고 쓸 자리에 '영생을 얻게 하려 하심'이라고 써도 전혀 어색하지 않습니다. 영생은 영원한 생명을 의미합니다. 구원은 영생을 얻는 것입니다. 영원히 사는 것이 복입니다.

영생은 예수 믿는 순간 이 땅에서 시작됩니다. 여기서 시작된 영생은 죽은 후에는 저 천국으로 이어집니다. 이해를 돕기 위해 구원을 둘로 나눠 설명하면, 우리가 이 땅에서 받는 구원이 있고 죽은 후에 받는 구원이 있습니다. 죽은 후에 받는 구원은 천국에 들어가는 것입니다. 살아서 받는 구원은 죽은 후에 들어갈 그 천국을 이 땅에서 미리 사는 것입니다. 이 땅에서 천국을 살다 죽어 천국에 들어가 영원히 사는 것이 영생입니다.

제가 좋아하는 시편 중 하나가 133편입니다. 3절로 구성되어 있습니다. 같이 봅니다.

보라 형제가 연합하여 동거함이 어찌 그리 선하고 아름다운고 머리에 있는 보배로운 기름이 수염 곧 아론의 수염에 흘러서 그의 옷깃까지 내림 같고 헐몬의 이슬이 시온의 산들에 내림 같도다 거기서 여호와께서 복을 명령하셨나니 곧 영생이로다 시 133:1-3

이 말씀 뒷부분에서 여호와께서 복을 명령하십니다. 여호와께서 명령하신 복을 성경 자체가 "곧 영생이로다"라고 풀어줍니다. 영생이 복입니다. 영생에는 예수를 믿고 살고 있는 지금도 포함되어 있습니다. 예수 믿는 날부터 우리는 이미 영생을 살고 있습니다. 천국을 살고 있습니다.

형제가 연합하여 동거하는 그 선하고 아름다운 현장에서 여호와께서 복을 명령하셨습니다. 그것이 영생입니다. 그것이 천국입니다. 형제와 연합하여 동거하는 그곳이 천국이 됩니다. 여기가 천국이다, 지금 우리는 영생을 살고 있다, 이 아름다운 고백이 우리 삶에 계속 이어져야 합니다.

자, 우리는 아주 큰 산 두 개를 넘었습니다. 복이 무엇인지 성경을 통해 둘을 배웠습니다. 하나는 "하나님이 복이다"이고 다른 하나는 "구원이 복이다"입니다. 수고했습니다. 큰 산을 넘느라 애썼습니다. 이제 우리는 확실하게 복이 무엇인지 정리되었습니다. 누가 복이 뭐냐고 물으면 대답할 확실한 두 가지를 소유했습니다.

Photo by 조현삼

5

성경에서 찾아 세운 복의 정의 3
하나님이 주신 것이 복이다

 복이 무엇인가를 성경에서 찾는 일은 여기가 끝은 아닙니다. 큰 산 두 개를 넘어 잠시 쉬었다 다시 계속할 것입니다. 책을 놓고 커피 한잔 마시고 오는 것도 좋을 것 같습니다. 글을 쓰는 동안 아내가 한 시간에 한 번은 일어나 잠깐이라도 움직여 달라는 청을 했는데 저도 잠시 아내 청을 들어주고 와 이어 쓰겠습니다.

1. 서론이 길지만 이 과정은 반드시 거쳐야 한다

 성경을 보면 하나님이 복을 주시거나 복을 약속하는 내

용이 적지 않게 나옵니다. 예를 들면 다음과 같은 말씀들입니다.

> 여호와께서 욥의 말년에 욥에게 처음보다 더 복을 주시니 그가 양 만 사천과 낙타 육천과 소 천 겨리와 암나귀 천을 두었고 또 아들 일곱과 딸 셋을 두었으며 그가 첫째 딸은 여미마라 이름하였고 둘째 딸은 긋시아라 이름하였고 셋째 딸은 게렌합북이라 이름하였으니 모든 땅에서 욥의 딸들처럼 아리따운 여자가 없었더라 그들의 아버지가 그들에게 그들의 오라비들처럼 기업을 주었더라 그 후에 욥이 백사십 년을 살며 아들과 손자 사 대를 보았고 욥이 늙어 나이가 차서 죽었더라 욥 42:12-17

이 말씀은 하나님이 욥의 말년에 욥에게 처음보다 더 복을 주셨다는 말로 시작해 양과 낙타와 소와 암나귀의 수가 나오고 아들 일곱과 딸 셋이 나옵니다. 이것들이 복인 듯 읽힐 수 있습니다.

> 너희의 조상 아브라함과 너희를 낳은 사라를 생각하여 보라 아브라함이 혼자 있을 때에 내가 그를 부르고 그에게 복을 주어 창성하게 하였느니라 사 51:2

창성함이 복인 듯 보입니다.

여호와께서 주시는 복은 사람을 부하게 하고 근심을 겸하여 주지 아니하시느니라 잠 10:22

부한 것이 복인 듯합니다.

이삭이 그 땅에서 농사하여 그 해에 백 배나 얻었고 여호와께서 복을 주시므로 그 사람이 창대하고 왕성하여 마침내 거부가 되어 양과 소가 떼를 이루고 종이 심히 많으므로 블레셋 사람이 그를 시기하여 그 아버지 아브라함 때에 그 아버지의 종들이 판 모든 우물을 막고 흙으로 메웠더라 창 26:12-15

창대하고 왕성하게 되고 마침내 거부가 되는 것이 복인 듯합니다.

너희가 이 모든 법도를 듣고 지켜 행하면 네 하나님 여호와께서 네 조상들에게 맹세하신 언약을 지켜 네게 인애를 베푸실 것이라 곧 너를 사랑하시고 복을 주사 너를 번성하게 하시되 네게 주리라고 네 조상들에게 맹세하신 땅에서 네 소생에게 은혜를 베푸시며 네 토지 소산과 곡식과 포도주와 기름을 풍성하게 하시고 네 소와 양을 번식하게 하시리니 네가 복을 받음이 만민보다 훨씬 더하여 너희 중의 남녀와 너희의 짐승의 암수에 생육하지 못함이 없을 것이며 여호와께서 또 모든 질병을 네게서 멀리 하사 너희가 아는 애굽의 악질에 걸리지 않게 하시고 너를 미워하는 모든 자에게 걸리게 하실 것이라 신 7:12-15

이 말씀 속에는 여러 가지가 복인 듯합니다.

네 하나님 여호와를 섬기라 그리하면 여호와가 너희의 양식과 물에 복을 내리고 너희 중에서 병을 제하리니 네 나라에 낙태하는 자가 없고 임신하지 못하는 자가 없을 것이라 내가 너의 날 수를 채우리라 출 23:25-26

이 말씀 속에도 여러 가지가 복인 듯합니다.
이 말씀들을 보면 부자가 되고 건강하고 자녀들이 잘되고 장수하는 것이 복이라는 단어와 같이 열거됩니다. 우리는 복과 관련해 공부하는 중에 난코스를 만난 것입니다. 사실 이것들은 우리 전도 대상자들이 복으로 알고 구하는 복 목록 탑 쓰리, 탑 파이브에 들어 있는 것입니다.

성경에 "이것들은 복이다", 또는 "복이 아니다"라고 나와 있으면 정리는 간단합니다. 하지만 우리가 지금 살펴본 것과 같이, 복인 듯 보이기도 하다 보니 이것은 그리 간단한 문제가 아닙니다.

그런데 문제는 이것들을 복이라고 정의하면, 가난한 것은 복이 없는 것이고, 병이 들거나 장애가 있는 경우는 복을 받지 못한 것이고, 자녀들이 잘되지 못하면 복을 받지 못한 것이 됩니다. 장수의 기준을 몇 살로 해야 할지 모르지만, 장수하지 못하고 죽은 사람은 복이 없어 그렇게 된 것이 됩니다.

그러나 성경은 위에 언급된 것들 자체를 복이라고 하지 않습니다.

예수께서 제자들에게 "너희 가난한 자는 복이 있나니 하나님의 나라가 너희 것임이요" 눅 6:20 라고 하셨습니다. 여기 나오는 가난한 자에 대해서는 좀 더 깊이 살펴볼 필요가 있지만, 이것을 감안하더라도 성경은 부한 자는 복이 있고 가난한 자는 복이 없다고 말하지 않습니다.

성경은 부한 자를 복 있는 자로 정의하지 않습니다. 오히려 성경은 가난한 자는 복이 있다고 하기도 합니다. 성경은 부한 자들을 향하여 "들으라 부한 자들아 너희에게 임할 고

생으로 말미암아 울고 통곡하라"약 5:1라고 경고하기도 했습니다. 성경에서 부 자체를 복이라고 한 것은 찾지 못했습니다. 성경은 지혜와 용맹과 부함을 복이라고 정의하는 대신 그것을 자랑하지 말라고 했습니다.

> 여호와께서 이와 같이 말씀하시되 지혜로운 자는 그의 지혜를 자랑하지 말라 용사는 그의 용맹을 자랑하지 말라 부자는 그의 부함을 자랑하지 말라 렘 9:23

바울도 예레미야와 같은 관점으로 말했습니다. 바울은 "하나님께서 세상의 미련한 것들을 택하사 지혜 있는 자들을 부끄럽게 하려 하시고 세상의 약한 것들을 택하사 강한 것들을 부끄럽게 하려 하시며 하나님께서 세상의 천한 것들과 멸시받는 것들과 없는 것들을 택하사 있는 것들을 폐하려 하시나니 이는 아무 육체도 하나님 앞에서 자랑하지 못하게 하려 하심이라"고전 1:27-29라고 했습니다.

성경은 박해를 받고 고난을 당하는 고통스러운 일을 복이라고 했습니다. 이것은 복으로 생각하기 어려운 것들입니다. 심지어 성경은 죽는 것도 복이라고 했습니다. 요한계시록은 "지금 이후로 주 안에서 죽는 자들은 복이 있도다" 계 14:13라고 했습니다.

복 공부나 언급을 꺼리는 이유가 어쩌면 이 난제를 풀기 어려워 그럴지도 모릅니다. 앞서 성경에서 살펴본 대로 이런 것들이 복과 함께 나와 있으니 복이 아니라고 부인할 수는 없고 그렇다고 이것이 복이라고 주장하면 기복주의자라는 낙인을 감수해야 하는 난처한 상황에 처할 수 있습니다.

그리스도인을 향해 기복주의, 기복신앙이라고 비판하는 대목도 바로 이 지점입니다. 하나님을 복으로 알고 하나님을 구하는 것을 기복신앙이라고 비판하지는 않습니다. 구원이 복임을 알고 구원의 복을 받았다고 기뻐하는 사람을 기복주의자라고 하지 않습니다.

전도 대상자들이 복으로 알고 구하는 이것들을 그리스도인들도 구하고 갈망하는 것을 두고 기복주의, 기복신앙이라고 비판하는 것입니다. 그리스도인과 세상이 같다고 하는 포인트가 바로 이 지점입니다.

2. 관점을 달리해야 한다

이 고비를 잘 넘겨야 복관을 정립할 수 있을 텐데, 어떻게 해야 할까요. 이럴 때 우리가 할 수 있는 일은 우리 주님께 눈을 열어 달라고 구하는 것입니다.

또한 이 답 역시 우리는 성경에서 찾아야 합니다. 이제 그 작업을 하려고 합니다. 조금 전에 인용했던 말씀들을 다시 읽는 작업부터 하겠습니다. 책 이름과 장절 표시는 바로 앞에 있기에 생략했습니다. 말씀 중에 별색으로 표시한 부분을 주목해 읽기 바랍니다.

여호와께서 욥의 말년에 욥에게 처음보다 더 복을 주시니 그가 양 만 사천과 낙타 육천과 소 천 겨리와 암나귀 천을 두었고 또 아들 일곱과 딸 셋을 두었으며…

너희의 조상 아브라함과 너희를 낳은 사라를 생각하여 보라 아브라함이 혼자 있을 때에 내가 그를 부르고 그에게 복을 주어 창성하게 하였느니라

여호와께서 주시는 복은 사람을 부하게 하고 근심을 겸하여 주지 아니하시느니라

이삭이 그 땅에서 농사하여 그 해에 백 배나 얻었고 여호와께서 복을 주시므로 그 사람이 창대하고 왕성하여 마침내 거부가 되어 양과 소가 떼를 이루고 종이 심히 많으므로… 너희가 이 모든 법도를 듣고 지켜 행하면 네 하나님 여호

와께서 네 조상들에게 맹세하신 언약을 지켜 네게 인애를 베푸실 것이라 곧 너를 사랑하시고 복을 주사 너를 번성하게 하시되 네게 주리라고 네 조상들에게 맹세하신 땅에서 네 소생에게 은혜를 베푸시며 네 토지 소산과 곡식과 포도주와 기름을 풍성하게 하시고 네 소와 양을 번식하게 하시리니…

네 하나님 여호와를 섬기라 그리하면 여호와가 너희의 양식과 물에 복을 내리고 너희 중에서 병을 제하리니 네 나라에 낙태하는 자가 없고 임신하지 못하는 자가 없을 것이라 내가 너의 날 수를 채우리라

  예로 든 모든 본문에서 여호와께서 아무개에게 복을 주셨다는 내용이 들어 있습니다. 그 결과가 부자가 되고 건강하고 자녀들이 잘되고 장수하는 것으로 나타났습니다.
  우리는 이 말씀을 부자가 되고 건강하고 자녀들이 잘되고 장수하는 것이 복이라는 관점이 아니라 이것들이 하나님이 주신 것이기에 복이라는 관점으로 봐야 합니다. '부자 되고 건강하고 자녀들이 잘되고 장수하는 것이 복이다'라고 정의할 것이 아니라 '하나님이 주신 것이 복이다'라고 정의해야 합니다.

그렇다면, 이 말씀들에 나온 하나님이 복을 주셔서 되어진 결과들은 복인지 아닌지가 궁금할 수 있습니다. 부자가 되고, 건강하고, 자녀들이 잘되고, 장수하는 것 등등은 그 자체만 가지고 복이라고 정의할 수는 없습니다. 이것이 복이 되기 위해서는 이것이 하나님이 주신 것이어야 합니다. 하나님께 받은 것이어야 합니다.

우리가 지금까지 살펴본 것들은 하나님이 주신 것들입니다. 그래서 이것은 복입니다. 그 자체를 복으로 정의할 수는 없지만, 이것을 하나님이 주셨기 때문에 이것이 복입니다.

3. 하나님이 주신 것이 복이다

아, 이제 난제가 풀어졌습니다. 이 과정을 거쳐 우리는 복이 무엇인지에 대한 세 번째 답을 성경에서 찾았습니다. 하나님이 주신 것이 복입니다.

하나님이 부요를 주셨습니다. 그 부요는 복입니다. 하나님이 가난을 주셨습니다. 그 가난은 복입니다. 하나님이 건강을 주셨습니다. 그 건강은 복입니다. 하나님이 약함을 주셨습니다. 그 약함은 복입니다. 하나님이 형통을 주셨습니다. 그 형통은 복입니다. 하나님이 고난을 주셨습니다. 그 고난은 복입니다. 하나님이 열림을 주셨습니다. 그 열림은 복입니다. 하나님이 막힘을 주셨습니다. 그 막힘은 복입니다. 하나님이 장애를 주셨습니다. 그 장애는 복입니다. 하나님이 비장애를 주셨습니다. 그 비장애는 복입니다.

하나님이 우리에게 나라를 주셨습니다. 그 나라는 복입니다. 하나님이 새로운 나라를 주셨습니다. 그 나라는 복입니다. 하나님이 우리를 남자로 만들어 주셨습니다. 우리가 남자인 것은 복입니다. 하나님이 우리를 여자로 만들어 주셨습니다. 우리가 여자인 것은 복입니다.

하나님이 우리를 우리 집에 태어나게 하셨습니다. 우리 집은 하나님이 우리에게 주신 집입니다. 그 집은 복입니다. 하나님이 우리의 부모를 통해 우리를 세상에 보내셨습니다. 하나님이 우리 부모를 우리에게 주셨습니다. 그 부모는 복입니다.

열악한 가정에서 태어나 힘든 부모와 살아가고 있는 이들 가운데는 이를 부정하고 싶을지도 모릅니다. 어떻게 내가 이런 집에 태어난 것이 복이고 이런 부모를 만난 것이 복이란 말이냐고 따지고 싶을지도 모릅니다.

하지만, 하나님이 우리에게 주신 것은 복입니다. 지금 당장은 복 같아 보이지 않아도 하나님이 주신 것은 복입니다. 우리는 그것이 나의 복임을 사는 날 동안 알게 될 것입니다. 몸의 약함을 하나님이 내게 주신 복이라고 받아들이는 것은 쉬운 일이 아닙니다. 장애가 있는 자녀를 하나님이 내게 주신 복이라고 받아들이는 것도 마찬가지입니다.

하나님이 주신 것을 복으로 받아들이는데 과정이 있고 걸리는 시간이 있습니다. 그 시간을 같이 기다려줘야 합니다.

우리는 복으로 받아도 남자고 여자입니다. 복으로 받지 않아도 남자고 여자입니다. 연약함을 복으로 받아도 우리는 연약하고, 복으로 받지 않아도 우리는 연약합니다.

그러나 이 둘의 삶은 다릅니다. 복으로 받아들이면, 그는 그 상황에서 기뻐하며 기도하며 감사하며 삽니다. 복으로 받아들이지 않고 오히려 이것을 화나 저주로 여기면, 그는 원망하며 불평하며 분노하며 살 가능성이 높습니다.

성경은 우리에게 "항상 기뻐하라 쉬지 말고 기도하라 범사에 감사하라"살전 5:16-18고 했습니다. 이것은 하나님이 우리에게 주신 것을 복으로 받아들여야 가능한 일입니다.

만족, 이것은 하나님이 자신에게 주신 것을 복으로 알고 그것을 받아들이는 자의 것입니다. 평안, 이것은 하나님이 자신에게 주신 것에 맞춰 형편껏 사는 자의 것입니다. 자존

감, 이것은 하나님이 자신에게 주신 것을 복으로 인정하고 그것에 당당한 사람의 것입니다.

하나님이 주신 복이라고 받아들이기 어려운 일들도 있습니다. 물론 개중에는 하나님이 주셨다고 하기 어려운 것들도 있을 수 있습니다. 우리의 잘못이 만든 상황일 수도 있습니다. 이런 경우는 회개하고 돌이켜야 합니다.

우리에게 일어난 일 중에는 그 일을 하나님이 내게 주셨다고 받아들이기 어려운 일들도 있습니다. 우리에게 죄지은 사람들로 말미암아 야기된 일이 그런 경우일 수 있습니다. 이런 상황에 처한 사람에게 그것도 하나님이 주신 것이니 복으로 받으라고 하면 많이 힘들 것 같습니다.

이런 일들은 용서하고 잊어야 합니다. 하나님께 잊게 해 달라고 요셉이 아들을 낳고 이름을 므낫세라고 지은 것처럼 우리도 그리해야 합니다. 므낫세의 이름의 뜻은 "하나님께서 지난날의 한과 아픔을 다 잊게 하셨다"입니다. 요셉은 아들 이름을 우리식으로 하면 '망각'이라고 짓고 그 아들 이름을 부를 때마다 "잊자. 잊자. 그래 잊자" 했을지 모릅니다.

4. 하나님이 내게 주신 것이 복이다

하나님이 내게 주신 것이 복입니다. 하나님이 내게 주신 여자가 있습니다. 그녀는 나의 복입니다. 하나님이 내게 주신 남자가 있습니다. 그는 나의 복입니다. 하나님이 내게 줄로 재어 준 구역이 있습니다. 그곳은 나의 복입니다. 하나님이 내게 주신 땅이 있습니다. 그 땅은 나의 복입니다. 하나님이 내게 주신 일이 있습니다. 그 일은 나의 복입니다. 하나님이 내게 주신 돈이 있습니다. 그 돈은 나의 복입니다. 하나님이 내게 주신 포지션이 있습니다. 그 포지션은 나의 복입니다.

세상에는 하나님이 내게 주시지 않은 여자가 있습니다. 그녀는 남의 여자입니다. 그녀는 나의 복이 아닙니다. 하나님이 내게 주시지 않은 여자를 임의로 내 여자로 만드는 것은 간음입니다. 이것은 화입니다. 하나님이 내게 주시지 않은 남자가 있습니다. 그는 남의 남자입니다. 그는 나의 복이 아닙니다. 그를 임의로 내 남자 만들려고 하는 것은 음행입니다. 그러면 화가 있습니다.
  하나님이 내게 주시지 않은 구역이 있습니다. 그곳은 나의 복이 아닙니다. 하나님이 내게 주시지 않은 땅이 있습니다. 그 땅은 남의 땅입니다. 그 땅을 정당하지 않은 방법으로 내 땅으로 만들려고 하는 것은 탐욕입니다. 북이스라엘 왕 아합이 나봇의 포도원을 강탈한 사건이 여기 해당합니다. 이 일로 하나님의 진노가 아합에게 임했습니다.

하나님이 내게 주시지 않은 돈이 있습니다. 그 돈은 나의 복이 아닙니다. 그 돈은 남의 돈입니다. 남의 돈을 정당하지 않은 방법으로 내 돈으로 만들려고 하는 것은 탐심입니다. 이것은 도적이고 강도입니다.

하나님이 내게 주시지 않은 자리가 있습니다. 그 자리는 남의 자리입니다. 그 자리는 나의 복이 아닙니다. 하나님이 내게 주시지 않은 자리를 온갖 술수를 써서 자신의 자리로 만들려고 하는 것은 화입니다.

하나님이 높여 주시면 높아진 것이 복입니다. 하나님이 낮추시면 낮아진 것이 복입니다. 하나님이 내게 주신 것으로 사는 것이 복입니다. 하나님이 내게 주신 것에 자족하는 것이 행복입니다.

이렇게 사는 사람은 하나님이 내게 주시지 않은 것엔 눈을 떼고 하나님이 내게 주신 것을 바라보며 삽니다. 하나님이 내게 주신 사람을 귀히 여기며 하나님이 내게 주신 것을 즐거워하며 하나님이 내게 주신 일에 충성합니다. 이런 사람은 무리하지 않습니다. 남의 것을 탐하지 않습니다. 이 사람은 행복할 수밖에 없습니다.

5. 복으로 받아도 또 주시고 더 주신다

혹여 오늘을 하나님이 내게 주신 복으로 받아들이면 하나님이 이 상황을 바꿔주시지 않을지 모른다고 생각해 받아들이기를 주저하는 경우도 있을 수 있습니다.

그렇게 생각하지 않아도 됩니다. 하나님은 우리가 복으로 받아도 또 주시고 더 주십니다. 지금을 복으로 받아들인다고 그 상태로 평생 살도록 하시는 하나님은 아닙니다. 오늘을 복으로 받아들였다고 더는 내일을 원하거나 바라지 말아야 하는 것도 아닙니다. 오늘을 복으로 받은 우리는 우리가 원하고 바라는 내일을 하나님께 구할 수 있고 구해야 합니다.

하나님의 작정과 섭리를 운명론으로 오해하고 어차피 애쓰고 수고해야 정해진 대로 될 수밖에 없는데 기도하면 뭐하고 노력해 뭐하냐고 하는 것과 같은 식의 오해는 없어야 합니다.

여기까지 쓰고 나서 저도 모르게 후하며 큰 숨을 내쉬었습니다. 큰 산 두 개를 넘고 나서 이제는 큰 강까지 건넌 안도감 같습니다.

이제 우리는 복이 무엇인지, 성경을 통해 세 가지 답을 찾아 소유했습니다. 하나님이 복입니다. 구원이 복입니다. 하나님이 주신 것이 복입니다. 물론 이보다 더 다양하게 복을 구분할 수도 있지만, 성경을 통해 복관을 정립하면서 우리는 복을 이렇게 셋으로 정의해 봅니다.

이렇게 이 장을 마무리하고 다음 장으로 넘어갔습니다. 에필로그를 쓰는데 아쉬움이 생겼습니다. 그래서 에필로그에 몇 줄 쓰려고 했는데 적지 않은 분량의 글이 풀려나왔습니다. 그 글의 위치를 어디로 할까 잠시 고민하다 이리로 가져왔습니다.

6. 구해도 된다

이 장에서 우리는 하나님이 복을 주신 사람에게 되어진 일들을 같이 살펴보았습니다. 일반적으로 사람들은 그것을 복으로 정의하는데, 우리는 관점을 바꿔 하나님이 주신 것이 복이라고 정의했습니다.

남는 문제가 하나 있습니다. 하나님이 복을 주심으로 나타난 그 결과 리스트에는 건강, 장수, 형통, 평강, 재물, 자녀들이 잘되는 것 등이 들어 있습니다.

기복신앙이란 말에 눌린 성도 중에는 "그리스도인은 이 리스트 안에 있는 것은 구하지 말아야 한다"며 "그것을 구하면 그것이 기복신앙이다"라고 생각하는 이들이 있을 수 있습니다. 이들은 어쩌면 "그리스도인은 하나님께 구할 때 이런 것들은 빼고 구해야 한다"로 적용할 여지도 있습니다.

또 답을 찾기 위해 성경을 펼쳤습니다. 성경을 펼치니 하나님은 우리에게 필요하면 내게 구하라고 대놓고 말씀하셨습니다.

예수님은 "너희가 내 안에 거하고 내 말이 너희 안에 거하면 무엇이든지 원하는 대로 구하라 그리하면 이루리라"요 15:7고 하셨습니다. '너희가 내 안에 거하고 내 말이 너희 안에 거하면'은 '예수 믿으면'입니다. 예수님이 말씀하신 '무엇이든지'에서 건강과 재물과 자녀들이 잘되는 것과 형통 등은 예외로 해야 하는 것은 아닙니다. 예수님의 말씀대로 하면 됩니다.

물론 하나님이 복이고 구원이 복인 것은 모른 채 부요와

재물과 건강만 복으로 알고 구하는 성도가 있다면 지도가 필요합니다. 그런 것을 바르게 지도하기 위해 목회자가 있는 것입니다.

이런 지도는 예수님도 하셨습니다. 예수님은 염려하여 이르기를 무엇을 먹을까 무엇을 마실까 무엇을 입을까 하는 이들을 향해 그러지 말라고 하셨습니다마 6:31. 예수님은 그들에게 "너희는 먼저 그의 나라와 그의 의를 구하라"마 6:33며 구하는 것의 우선순위를 가르쳐 주셨습니다.

우리는 하나님의 나라와 하나님의 통치를 먼저 구해야 합니다. 이 말씀은 하나님의 나라와 하나님의 통치를 먼저 구하라는 것이지 이것만 구하라는 것은 아닙니다.

실은 많은 그리스도인들이 그의 나라와 그의 의를 구하고 있습니다. 성도들의 기도 소리를 주의 깊게 들어 보면 바로 알 수 있습니다.

성도들을 기도의 자리로 나오도록 하는데 자녀들이 큰 역할(?)을 합니다. 오죽하면 '우리 자녀는 나 기도시키는 사명을 띠고 태어났는지 모른다'는 우스갯소리까지 있을까요. 자녀 문제로 기도하러 나와 구하기를 시작합니다. 그런데 이내 자녀는 간곳없고 나라와 민족과 열방 가운데 하나님의 나라가 임하고 그리스도의 통치가 온 세계에서 이루어지기를 부르짖어 구하고 있습니다.

　성도들을 지도할 때, 구하지 않는 성도는 구해야 한다고 가르쳐야 합니다. 하나님이 아닌 다른 대상에게 구하는 성도가 있다면 하나님께 구하도록 바로잡아 줘야 합니다. 그의 나라와 그의 의가 무엇인지 가르쳐 주고 먼저 그의 나라와 그의 의를 구하도록 지도해야 합니다.

　하나님이 복인 줄 모르고, 구원이 복인 줄 모르고 오직 세상 출세만 복으로 아는 어머니 성도가 있다고 가정해 봅시다. 이 성도 자녀에게 하나님이 없고 구원받지 못했는데 그것에 대해서는 애통하며 구하지 않고 아들이 세상에서 성공하고 건강하게 살게 해 달라고만 기도한다면 가르쳐야 합니다.

　"성도님, 그보다 더 중요한 복을 아드님이 받아야 합니다. 아드님이 예수 믿고 구원받아 하나님의 자녀가 되는 것을 위해 먼저 기도하셔야 합니다." 이렇게 지도해야 합니다. 만약 그럼에도 "난 그런 것에 관심없다"며 계속 세상에서 아들 잘되기만 위해 기도한다면, 꾸짖어서라도 바로잡아 줘야 합니다.

　그러나 제가 오늘까지 30년을 목양하며 만난 어머니 성도 중에 이런 성도는 없었습니다. 다 자녀들의 신앙을 위해, 구원을 위해 눈물로 구합니다. 세상적으로 성공한 아들을 둔 성도도 그걸 자랑하기보다 "저러면 뭐해요"라며 "구원을 받아야지요"라는 어머니가 대부분입니다. 금요심야기도회 때 집 나간 아들 돌아오게 해 달라고 기도하면 성도들이 얼마나 간절한 목소리로 아멘 하는지 모릅니다.

Photo by 조현삼

6
복 받은 사람

사람이 복을 받으면 어떻게 될까. 사람이 복을 받으면 좋아집니다. 복은 좋은 것입니다. 좋은 복을 받았으니 당연히 좋아집니다. 사람이 복을 받은 상태가 행복입니다. 사람은 복을 받아야 행복합니다. 사람들이 복을 그렇게 받고 싶어 하는 이유도 이 때문입니다. 살기 위해 밥을 먹는 것처럼 사람은 행복하기 위해 복을 구합니다. 이것을 알면 사람들이 왜 그렇게 복 받기를 사모하는지 이해가 됩니다.

1. 복 받은 상태가 행복이다

성경에서 "복이 있다, 복 받은 사람이다, 복 있는 자다"라고 기록된 참 많은 구절들을 찾아 같이 봤습니다. 이제 우리는 그 본문을 다시 읽으려고 합니다. 이번에는 복 있는 사람을 행복한 사람이라고 바꿔 읽어 보려고 합니다. '복이 있다'를 '행복하다'로 적용해 읽어 보려고 합니다.

이곳에 앞에서 인용한 성경 말씀을 다시 적으려면 상당한 지면을 써야 합니다. 다시 적는 대신 책을 앞으로 넘겨 같이 읽으려고 합니다. "복 있는 사람은 행복한 사람입니다. 하나님이 있는 사람은 행복한 사람입니다. 구원받은 사람은 행복한 사람입니다. 하나님에게 받은 것이 있는 사람은 행복한 사람입니다."

이 주제 아래 인용한 말씀들도 같은 방식으로 읽기 바랍니다. "죄 사함을 받은 사람은 행복한 사람입니다. 성경을 믿는 사람은 행복한 사람입니다. 성경을 따라 사는 사람은 행복한 사람입니다." 이렇게 말입니다.

예수님이 제자들에게 복에 대해 가르치신 유명한 내용이 있습니다. 우리는 그것을 팔복이라고 부릅니다. 팔복에 "뭐뭐하는 자는 복이 있느니라"가 후렴처럼 반복됩니다. 이 말은 뭐뭐하는 자는 행복하다는 말입니다. 예수님의 팔복을 먼저는 원문 버전대로 읽고 이어 '복이 있다'를 '행복하다'로 적용해 읽어 보려고 합니다.

심령이 가난한 자는 복이 있나니 천국이 그들의 것임이요 애통하는 자는 복이 있나니 그들이 위로를 받을 것임이요 온유한 자는 복이 있나니 그들이 땅을 기업으로 받을 것임이요 의에 주리고 목마른 자는 복이 있나니 그들이 배부를 것임이요 긍휼히 여기는 자는 복이 있나니 그들이 긍휼히 여김을 받을 것임이요 마음이 청결한 자는 복이 있나니 그들이 하나님을 볼 것임이요 화평하게 하는 자는 복이 있나니 그들이 하나님의 아들이라 일컬음을 받을 것임이요 의를 위하여 박해를 받은 자는 복이 있나니 천국이 그들의 것임이라 나로 말미암아 너희를 욕하고 박해하고 거짓으로 너희를 거슬러 모든 악한 말을 할 때에는 너희에게 복이 있나니 기뻐하고 즐거워하라 하늘에서 너희의 상이 큼이라 너희 전에 있던 선지자들도 이같이 박해하였느니라 마 5:3-12

심령이 가난한 자는 행복하나니 천국이 그들의 것임이요 애통하는 자는 행복하나니 그들이 위로를 받을 것임이요 온유한 자는 행복하나니 그들이 땅을 기업으로 받을 것임이요 의에 주리고 목마른 자는 행복하나니 그들이 배부를 것임이요 긍휼히 여기는 자는 행복하나니 그들이 긍휼히 여김을 받을 것임이요 마음이 청결한 자는 행복하나니 그들이 하나님을 볼 것임이요 화평하게 하는 자는 행복하나니 그들이 하나님의 아들이라 일컬음을 받을 것임이요 의를 위하여 박해를 받은 자는 행복하나니 천국이 그들의 것임이라 나로 말미암아 너희를 욕하고 박해하고 거짓으로 너희를 거슬러 모든 악한 말을 할 때에는 너희에게 행복하나니 기뻐하고 즐거워하라 하늘에서 너희의 상이 큼이라 너희 전에 있던 선지자들도 이같이 박해하였느니라 마 5:3-12

2. 당신은 복 있는 사람이다

이제 이만큼에서 중간 점검을 한번 하겠습니다. 개인적으로 묻습니다. 당신은 어떤 사람입니까. 복 있는 사람입니까, 아니면 복 없는 사람입니까. 지금까지 우리가 같이 성경을 통해 공부하고 정립한 복관에 근거해 대답하기 바랍니다.

당신에게 하나님이 있습니다. 당신 안에 예수님이 있습니다. 당신은 성령의 인도를 받고 있습니다. 당신은 성삼위 하나님과 함께하고 있습니다. 당신은 삼위 하나님과 같이 살고 있습니다. 그렇다면 분명하게 말합니다. 당신은 복 있는 사람입니다. 당신은 행복한 사람입니다.

당신은 구원받았습니다. 예수 믿습니다. 죄 사함을 받았습니다. 믿음으로 의롭다 하심을 받았습니다. 예수님을 통해 하나님의 자녀가 되었습니다. 영생을 얻었습니다. 당신은 죽으면 천국 갑니다. 당신은 지금 죽은 후에 갈 천국을 여기서 미리 살고 있습니다. 당신은 복 있는 사람입니다. 당신은 행복한 사람입니다.

당신은 하나님께 받은 것이 있습니다. 당신은 하나님께 받은 그것이 복인 줄 압니다. 당신에게 생명이 있습니다. 하나님이 당신에게 주신 사람이 있습니다. 하나님이 당신에게 주신 일이 있습니다. 당신은 하나님이 당신에게 주신 것들을 복으로 누리며 삽니다. 하나님이 주신 것이 있는 사람, 하나님께 받은 것이 있는 사람, 당신은 복 있는 사람입니다. 당신은 행복한 사람입니다.

3. 시편 1편은 당신 이야기다

이제 시편 1편을 소리 내 읽기 바랍니다.

복 있는 사람은 악인들의 꾀를 따르지 아니하며 죄인들의 길에 서지 아니하며 오만한 자들의 자리에 앉지 아니하고 오직 여호와의 율법을 즐거워하여 그의 율법을 주야로 묵상하는도다 그는 시냇가에 심은 나무가 철을 따라 열매를 맺으며 그 잎사귀가 마르지 아니함 같으니 그가 하는 모든 일이 다 형통하리로다 악인들은 그렇지 아니함이여 오직 바람에 나는 겨와 같도다
그러므로 악인들은 심판을 견디지 못하며 죄인들이 의인들의 모임에 들지 못하리로다 무릇 의인들의 길은 여호와께서 인정하시나 악인들의 길은 망하리로다 시 1:1-6

이 말씀을 읽은 느낌이 어떤가요. 혹여 평소 이 말씀 앞에서 좌절한 적은 없는지요. 이 말씀을 읽으며 나는 복 있는 사람이 되려면 아직 멀었다고 생각하지는 않았는지요.

기뻐하셔요. 이 말씀은 당신 이야기입니다. 여기 나오는 복 있는 사람은 바로 당신입니다. 당신의 마음과 소원이 이 말씀 안에 오롯이 담겨 있습니다. 악인의 길을 따르지 않기 위해, 죄인들의 길에 서지 않기 위해, 오만한 자들의 자리에 앉지 않고 오직 여호와의 율법을 즐거워하여 그 율법을 주야로 묵상하는 당신이 여기 있습니다.

이 말씀은 당신이 어떤 사람인지 아주 구체적으로 알려줍니다. 당신은 시냇가에 심은 나무가 철을 따라 열매를 맺으며 그 잎사귀가 마르지 않는 것과 같은 사람입니다. 이 말씀은 당신이 앞으로 어떤 삶을 살게 될지, 그것을 구체적으

로 예언하고 있습니다. 복 있는 당신이 하는 모든 일이 다 형통할 것입니다.

당신은 이미 복 있는 사람입니다. 복 있는 사람이 되려고 애쓰지 말고 예수로 이미 복 있는 사람이 되었으니 복 있는 사람으로 살기 바랍니다. 당신은 참 행복한 사람입니다.

4. 복 있는 사람이 되어야 한다

이 글을 읽는 이들의 대부분은 그리스도인일 것입니다. 만약 전도 대상자가 이 글을 읽었다면 가장 먼저 할 일은 복 있는 사람이 되는 것입니다.

예수님이 베드로를 향해 "바요나 시몬아, 네가 복이 있도다"라고 선언하신 것과 같이 예수님이 당신의 이름을 부르며 하는 "아무개야, 네가 복이 있도다"라는 선언을 들어야 합니다.

그 길은 예수 믿는 것입니다. 예수님을 당신의 구세주로, 살아계신 하나님의 아들로 믿는 것입니다. 예수 믿으면 하나님 있는 사람이 됩니다. 하나님이 복입니다. 예수 믿으면 구원받습니다. 구원이 복입니다. 예수 믿으면 비로소 하나님이 당신에게 주신 많은 것이 보일 것입니다. 하나님이 당신에게 주신 것이 복입니다.

자, 여기까지 해서 우리는 복이 무엇인지를 정립했습니다. 이제는 조금 편안하게 다음 주제로 넘어가도 될 것 같습니다.

하나님이 주신 것이 있는 사람,
하나님께 받은 것이 있는 사람,
당신은 복 있는 사람입니다.
당신은 행복한 사람입니다.

7
복 채널

복은 하나님이 주십니다. 하나님은 복을 어떤 통로를 통해 주실까. 이제 이 질문을 들고 성경으로 들어갑니다.

1. 은혜_하나님이 값없이 주신다

우리는 앞에서 복이 무엇인지를 같이 나누었습니다. 그중 하나가 '구원이 복이다'입니다. 우리가 구원받은 것이 복입니다. 우리가 이 복을 어떻게 받았나요. 우리가 이 복을 받기 위해 무엇을 했나요.

구원을 위해 우리가 한 일은 없습니다. 이 복을 받을 만한 자격이 우리에게 있었던 것도 아닙니다. 이 복을 받을 만한 착함이 우리 안에 있었던 것도 아닙니다. 우리는 죄인이었고 우리는 불의했습니다. 우리가 아직 죄인 되었을 때 하나님께서 예수 그리스도를 보내셔서 십자가에 달려 죽게 하셨습니다. 우리가 지은 죄를 대속하시기 위해 그렇게 하셨습니다. 하나님은 예수 그리스도의 그 피로 우리의 죄를 씻어 주셨습니다. 이렇게 하신 후에 하나님은 불의한 우리를 향해 일방적으로 너는 의인이라 칭해 주셨습니다. 우리를 성도라 부르셨습니다. 하나님의 자녀 삼아 주셨습니다. 감당할 수 없는 은혜입니다.

구원을 위해 우리가 한 일은 아무것도 없습니다. 우리는 우리가 구원이 필요한 존재인지도 몰랐습니다. 우리를 구원해 달라고 구해야 하는 것도, 구할 줄도 몰랐습니다. 그저 죄 가운데서 불행하게 살다 죽으면 지옥에 떨어질 비참한 인생을 살고 있었습니다. 이런 우리가 구원받은 것은 전적인 하나님의 은혜입니다. 예정에서 성화를 너머 영화에 이르기까지, 모든 것이 은혜입니다.
 우리가 한 것 없이 받았다면, 이것은 은혜입니다. 은혜라는 말 외로 우리가 받은 구원의 복을 설명할 길은 없습니다. 구원은 은혜입니다. 복은 은혜입니다. 값없이 받은 것입니다. 감당할 수 없는 은혜입니다. 뿐만 아니라 우리가 이 세상에 온 것도, 오늘을 사는 것도 은혜입니다. 모든 것이 은혜입니다.

2. 기도_하나님이 기도 받고 주신다

우리는 이미 앞에서 이 질문에 대한 답 하나를 같이 나누었습니다. 복은 하나님께 구해 받는 것입니다.

주 여호와께서 이같이 말씀하셨느니라 내가 너희를 모든 죄악에서 정결하게 하는 날에 성읍들에 사람이 거주하게 하며 황폐한 것이 건축되게 할 것인즉 전에는 지나가는 자의 눈에 황폐하게 보이던 그 황폐한 땅이 장차 경작이 될지라 사람이 이르기를 이 땅이 황폐하더니 이제는 에덴 동산 같이 되었고 황량하고 적막하고 무너진 성읍들에 성벽과 주민이 있다 하리니 너희 사방에 남은 이방 사람이 나 여호와가 무너진 곳을 건축하며 황폐한 자리에 심은 줄을 알리라 나 여호와가 말하였으니 이루리라 주 여호와께서 이같이 말씀하셨느니라 그래도 이스라엘 족속이 이같이 자기들에게 이루어 주기를 내게 구하여야 할지라 에스겔 36:33-37

이 말씀은 하나님께서 에스겔 선지자를 통해 이스라엘 백성에게 하신 말씀입니다. 이 말씀 중에 우리는 "그래도 이스라엘 족속이 이같이 자기들에게 이루어 주기를 내게 구하여야 할지라"를 주목합니다. 하나님은 이스라엘을 향해 참 아름다운 것을 준비하셨습니다. 그러고 나서 하신 말씀이 "그래도 이스라엘 족속이 이같이 자기들에게 이루어 주기를 내게 구하여야 할지라"입니다.

하나님이 우리에게 하신 약속이 성경에 가득합니다. 하나님이 준비하신 복이 헤아릴 수 없을 정도로 많습니다. 이것을 하나님은 우리에게 주기 원하십니다. 그냥 주시는 것이 아니라, 그래도 우리가 이같이 우리에게 이루어 주기를 주님께 구하는 과정을 통해 주길 원하십니다.

하나님은 기도 받고 주시는 분입니다. 하나님은 우리의 기도를 받고 우리에게 복을 주십니다.

3. 축복_하나님이 축복 받고 주신다

민수기 6장에 우리를 향한 하나님의 마음이 기록되어 있습니다. 하나님은 모세에게 제사장인 아론과 그의 아들들에게 "너희는 이스라엘 자손들을 위하여 이렇게 축복하라"
며 넌지시 하나님의 마음을 불러주셨습니다.

> 여호와는 네게 복을 주시고 너를 지키시기를 원하며 여호
> 와는 그의 얼굴을 네게 비추사 은혜 베푸시기를 원하며 여
> 호와는 그 얼굴을 네게로 향하여 드사 평강 주시기를 원하
> 노라 민 6:24-26

이렇게 말씀하신 후에 하나님은 "그들은 이같이 내 이름
으로 이스라엘 자손에게 축복할지니 내가 그들에게 복을 주
리라"민 6:27라고 약속하셨습니다.
하나님은 우리에게 복을 주시기 원하십니다. 하나님은 그
복을 제사장이 하는 축복을 듣고 주십니다. 예수 믿는 우리
는 제사장입니다. 우리의 축복을 듣고 하나님은 우리가 축
복하는 사람에게 복을 주십니다. 다른 사람이 우리에게 하
는 축복을 듣고 하나님은 우리에게 복을 주십니다.

내 곁에 있는 사람들은 축복자입니다. 나를 축복하기 위
해 하나님이 보낸 사람들입니다. 그들이 계속 그 자리에서
나를 축복할 수 있도록 도와줘야 합니다. 그들에게서 나를
축복하고 싶은 마음이 식지 않도록 해야 하고 나를 축복하

고 싶은 마음이 마르지 않도록 살아야 합니다. 우리는 축복을 유발하는 사람이 되어야 합니다. 우리는 곁에 있는 사람들에게 잘해야 합니다. 좋은 관계를 맺어야 합니다. 그들을 위해서도 그렇지만, 우리 자신을 위해서도 그리해야 합니다.

미갈의 경우는 참 안타깝습니다. 다윗이 언약궤를 찾아온 후에 이스라엘 백성들을 축복하고 자기 가족을 축복하기 위해 집으로 갔습니다. 그런 다윗을 그의 아내 미갈이 비난했습니다.

> 이스라엘 왕이 오늘 어떻게 영화로우신지 방탕한 자가 염치 없이 자기의 몸을 드러내는 것처럼 오늘 그의 신복의 계집종의 눈앞에서 몸을 드러내셨도다 삼하 6:20

축복하러 들어갔지만, 미갈은 축복하려던 다윗의 입을 막았습니다. 성경은 "그러므로 사울의 딸 미갈이 죽는 날까지 그에게 자식이 없으니라" 삼하 6:23 라고 했습니다.

우리는 하나님이 세우신 축복자입니다. 우리 곁에 있는 아름다운 사람, 귀한 사람, 착한 사람을 축복해야 합니다.

성경은 여기서 더 나아가 "너희를 박해하는 자를 축복하라"며 "축복하고 저주하지 말라"롬 12:14라고 합니다. 이 말씀 앞에서 우리는 때로 당황하기도 합니다. 이런 우리를 위해 하나님은 베드로를 통해 "악을 악으로, 욕을 욕으로 갚지 말고 도리어 복을 빌라"며 "이를 위하여 너희가 부르심을 받았으니 이는 복을 이어받게 하려 하심이라"벧전 3:9라고 설명해 주십니다. 복을 이어받게 하려 하심이라를 주목해야 합니다.

  우리가 다른 사람을 향해 한 축복은 다른 사람에게만 아니라 우리 자신에게도 임합니다. 우리가 다른 사람을 위해 한 축복은 그만을 위한 것이 아니라 우리 자신을 위한 것입니다. 우리가 누군가를 축복할 때 하나님은 그와 내게 복을 주십니다. 예수님이 제자들에게 "그 집에 들어가면서 평안하기를 빌라"며 "그 집이 이에 합당하면 너희 빈 평안이 거기 임할 것이요 만일 합당하지 아니하면 그 평안이 너희에게 돌아올 것이니라"마 10:12-13라고 하신 말씀도 이런 의미입니다.

  하나님은 다른 사람이 내게 한 축복을 듣고 내게 복을 주십니다. 또한 내가 다른 사람에게 한 축복을 듣고 내게도 복을 주십니다.

4. 말씀_하나님이 순종 받고 주신다

어떻게 하면 복을 받을까. 그것을 성경에서 찾아보려고 합니다. 다음은 이렇게 하고 찾은 그중 몇 구절입니다.

너희 하나님 여호와께서 너희에게 명령하신 모든 도를 행하라 그리하면 너희가 살 것이요 복이 너희에게 있을 것이며 너희가 차지한 땅에서 너희의 날이 길리라 신 5:33

내가 네게 명령하는 이 모든 말을 너는 듣고 지키라 네 하나님 여호와의 목전에 선과 의를 행하면 너와 네 후손에게 영구히 복이 있으리라 신 12:28

행위가 온전하여 여호와의 율법을 따라 행하는 자들은 복이 있음이여 시 119:1

예수께서 이르시되 오히려 하나님의 말씀을 듣고 지키는 자가 복이 있느니라 하시니라 눅 11:28

하나님의 명령에는 약속이 있습니다. 하나님은 "내 명령대로 하라"며 "그리하면 내가 네게 이렇게 하겠다"고 약속하십니다. '이렇게' 중 하나가 복입니다.

"너희 하나님 여호와께서 너희에게 명령하신 모든 도를 행하라" 이것은 명령입니다. "그리하면 너희가 살 것이요 복이 너희에게 있을 것이며"신 5:33 이것은 약속입니다. "이스라엘아 듣고 삼가 그것을 행하라" 역시 명령입니다. "그리하면 네가 복을 받고"신 6:3 역시 약속입니다. "선량한 일을 행하라" 명령입니다. "그리하면 네가 복을 받고"신 6:18 약속입니다. "네가 밭에서 곡식을 벨 때에 그 한 뭇을 밭에 잊어버렸거든 다시 가서 가져오지 말고 나그네와 고아와 과부를 위하여 남겨두라" 명령입니다. "그리하면 네 하나님 여호와께서 네 손으로 하는 모든 일에 복을 내리시리라"신 24:19 약속입니다.

신명기 28장 앞부분 역시 동일합니다. 그중 몇 구절을 같이 봅니다.

네가 네 하나님 여호와의 말씀을 삼가 듣고 내가 오늘 네게 명령하는 그의 모든 명령을 지켜 행하면(명령입니다) 네 하나님 여호와께서 너를 세계 모든 민족 위에 뛰어나게 하실 것이라(약속입니다) 네가 네 하나님 여호와의 말씀을 청종하면(명령입니다) 이 모든 복이 네게 임하며 네게 이르리니 성읍에서도 복을 받고 들에서도 복을 받을 것이며 네 몸의 자녀와 네 토지의 소산과 네 짐승의 새끼와 소와 양의 새끼가 복을 받을 것이며 네 광주리와 떡 반죽 그릇이 복을 받을 것이며 네가 들어와도 복을 받고 나가도 복을 받을 것이니라(약속입니다) 신 28:1-6

이 말씀들은 "나의 명령에 순종하는 자에게 내가 복을 주겠다"로 요약할 수 있습니다. 하나님은 순종하는 자에게 하늘의 아름다운 보고를 여시겠다고 하셨습니다. 순종은 땅에서 하늘의 아름다운 보물창고를 여는 키입니다.

우리는 앞에서 하나님의 말씀대로 하는 것이 복임은 이미 살펴보았습니다. 하나님의 말씀대로 하는 것 자체도 복이고 그 말씀대로 하는 사람에게 하나님이 약속하신 것도 복입니다. 복은 값없이 주시는 하나님의 은혜이기도 하고 하나님의 말씀에 순종한 자에게 주시는 상이기도 합니다. 은혜인 복도 받고 상인 복도 우리는 받아야 합니다.

복은 값없이 주시는
하나님의 은혜이기도 하고
하나님의 말씀에 순종한 자에게
주시는 상이기도 합니다.

8
단어 공부, 복과 축복

복 공부를 깊이 하기 위해 사전을 동원했습니다. 지금부터는 단어 공부입니다.

1. 복을 원어 사전에서 찾아보았다

우리말 성경에 복이라고 번역된 단어를 원어로 보면 여러 단어가 우리말 성경에 복으로 번역되었습니다. 구약성경을 기록한 히브리어를 먼저 살펴봅니다.

가 (ברך) 모음이 없는 상태로는 베라크라고 읽습니다. 모음을 넣으면 바라크(בָּרַךְ)라고 읽습니다. 우리말 읽듯이 베라크라고 읽으면 히브리인들은 못 알아듣습니다. 히브리어 발음을 한글로 적는 데 한계가 있습니다. 우리가 지금 히브리어 발음을 정확하게 익히는 것이 주제나 목적은 아니니, 대략 이렇게 읽는다고 생각하고 넘어가면 좋을 듯싶습니다.

바라크의 뜻은 "축복하다, 복 받다, 찬송하다"입니다. 수동 분사로 사용하면 "복 있는, 찬송 받을"이 됩니다. 구약성경에서 327번 사용되었습니다. 우리말 성경은 동사와 명사로 사용된 것을 포함해 복으로 138번, 축복으로 82번(축복을 풀어서 복을 빌다 등으로 번역한 것 10번 포함), 송축으로 44번, 찬송으로 38번, 인사로 5번, 기타로 20번 번역했습니다.

나 (בְּרָכָה) 브라카라고 읽습니다. 어원은 앞에 있는 베라크입니다. 브라카의 뜻은 "복, 축복" 등입니다. 구약성경에서 71번 사용되었습니다. 우리말 성경은 복으로 47번, 축복으로 9번 번역했습니다. 예물로 3번, 음역을 해서 브라가로 2번, 항복으로 2번, 송축으로 1번, 구제로 1번, 칭찬으로 1번 기타로 5번 번역했습니다.

다 (טוֹב) 토브라고 읽습니다. 이 단어는 좀 들어본 단어일 수 있습니다. 토브는 "좋은, 아리따운, 선한, 충실한" 등의 뜻을 갖고 있습니다. 구약성경에서 584번 사용되었는데 이

중 우리말 성경에 45번이 복으로 번역되었고 행복으로 8번 번역되었습니다. 비중이 좀 적지요. 나머지 대부분은 이 단어의 주된 뜻풀이와 같이 사용되었습니다.

라 (טוֹבָה) 토바라고 읽습니다. 어원은 토브입니다. 토바는 "선한 것, 선량, 친절, 행복" 등의 뜻을 갖고 있습니다. 구약성경에 67번 사용됐는데 이 중 우리말 성경에 15번을 복으로 번역하고 행복으로 5번 번역했습니다. 나머지는 대부분 이 단어의 뜻풀이와 같이 사용됐습니다.

마 (יטב) 야타브라고 읽습니다. 야타브는 "잘하다, 즐겨하다, 옳게 여기다, 기뻐하다" 등의 뜻을 갖고 있습니다. 구약성경에 117번 사용됐는데 이 중 우리말 성경에 복으로 21번 번역되었습니다. 나머지 대부분은 단어의 뜻풀이와 같이 사용됐습니다.

바 (אַשְׁרֵי) 아슈레라고 읽습니다. 아슈레는 "행복, ~한 자는 복 있다" 등의 뜻을 갖고 있습니다. 구약성경에 44번 사용됐는데 이 중 우리말 성경에 38번을 '(~한 자는) 복이 있다'로 번역하고, '복되도다'로 7번, '행복'으로 1번 번역했습니다.

히브리어 단어에 괄호를 사용한 이유가 있습니다. 우리말을 비롯한 대부분의 언어가 왼쪽에서 오른쪽으로 쓰는데 히브리어는 오른쪽에서 왼쪽으로 씁니다. 워드프로세서로 글을 쓰며 히브리어를 사용하면 그다음부터 계속 글이 왼쪽에서 오른쪽으로 써집니다. 그걸 피하기 위해 단어를 괄호 안에서 가뒀습니다.

이번에는 신약성경을 기록한 헬라어에서 우리말 성경에 복으로 번역된 단어들을 찾아봅니다.

사 μακάριος 마카리오스라고 읽습니다. 이 단어는 '복된, 행복한, 행운의' 등의 뜻을 갖고 있습니다. 마카리오스가 신약성경에 50번 사용되었는데 대부분 복으로 사용되었습니다.

아 εὐλογέω 율로게오라고 읽습니다. 이 단어는 '축복하다, 찬양하다' 등의 뜻을 갖고 있습니다. 율로게오는 신약성경에 41번 사용되었는데 그중에 10번이 우리말 성경에 복으로 번역되고 축사하다로 4번, 축복하다로 15번 번역되었습니다. 찬송하다로 11번 번역되었습니다.

이해를 돕기 위해 각 단어가 우리말 성경에서 어떻게 번역되었는지와 그 빈도수를 적었습니다. 이것은 성경 연구 프로그램인 로고스에서 검색한 결과인데, 검색 방법에 따라 약간의 차이가 납니다. 이 통계는 로고스 프로그램의 기본 원어 검색 방식으로 검색한 결과입니다.

2. 복과 축복하다는 원어로 같은 단어다

구약과 신약에 사용된 복과 관련된 단어 공부를 통해 배운 몇 가지를 나눕니다.

복과 관련된 단어를 살펴보면, 복과 축복은 같은 단어를 사용합니다. "복을 주다"와 "축복하다"는 성경을 기록한 원어로 보면 같은 단어입니다. 성경을 우리말로 번역하며 베라크나 브라카의 주체가 하나님이면 "복 주다"라고 번역하고 그 주체가 사람인 경우는 "축복하다" 또는 "복을 빌다"로 번역했습니다. 하나님이 주어인데 "축복하다"라고 번역한 경우는 없습니다.

이 번역에는 하나님은 복을 주시는 분이고 사람은 하나님에게 복을 비는 자라는 믿음의 고백이 들어 있습니다. 우리는 하나님이 주체인 경우, 축복이란 단어 대신 복을 사용해야 합니다.

"하나님의 축복이 함께하기 바랍니다"와 같이 사용하지 않고 "하나님의 복이 함께하기 바랍니다"라고 해야 합니다. "하나님이 축복해 주실 것입니다"라고 하지 말고 "하나님이 복 주실 것입니다"라고 해야 합니다. 하나님은 복이시고 복을 갖고 계신 분입니다. 하나님이 누구에게 복을 빌 일은 없습니다.

신약성경을 보면 예수님이 주어인 경우에도 율로게오(축복하다)를 동사로 사용하고 있습니다. 예수님은 하나님입니다. 또한 예수님은 사람입니다. 신인양성을 한 몸에 지니신 분이 예수님입니다. 예수님의 경우 하나님이시기 때문에 "복을 주다"라고 해도 아무 문제 없습니다. 그러나 예수님은 처음부터 끝까지 하나님을 높이며 복을 주실 수 있음에도 축복하셨습니다. 하나님께 복을 빌었습니다.

'역전 앞'과 '하늘로 승천하셨다'는 말이 자연스럽게 입에서 나옵니다. '역전 앞'은 한문으로 '앞 전' 자가 이미 있으니 '역 앞앞'입니다. '하늘로 승천하셨다'는 말은 '승천'에 '하늘'의 의미가 들어 있어 '하늘로 하늘로 올라가셨다'가 됩니다.

글로 쓸 때는 이런 표현들이 잘 걸러지는데 말로 할 때는 익숙해서 그런지 입에 착착 붙습니다. 하나님의 축복도 그런 것 같습니다.

이걸 아는 목사인 저도 어느 순간 설교를 하다 "하나님의 축복이 여러분과 함께하기 바랍니다"라고 하기도 합니다. 대표기도를 하는 이들도 자주 하나님의 축복이란 표현을 사용하기도 합니다.

설교 중에 이렇게 말하는 목사나 대표기도하는 성도 중에 하나님이 복을 갖고 있지 않아 누구에게 복을 빌어야 하는 분으로 알고 하나님의 축복('빌 축' 자에 '복 복' 자)이라고 하는 경우는 없을 것입니다. 이것에 너무 예민하면 이 단어 하나에 걸려 설교 전체를 듣지 못하는 안타까운 지경에 이를 수도 있습니다.

이런 이들을 위해서라도 할 수만 있다면 우리는 '하나님의 축복'이라는 표현을 지양하고 '하나님의 복'이라고 하는 것이 습관이 되도록 연습해야 할 것입니다. 축복이란 단어를 사용하고 싶으면 '예수님의 축복'을 사용하면 될 것 같습니다.

하지만, 그럼에도 누가 설교나 기도 중에 하나님의 축복이라고 하면 하나님의 복으로 통역해 듣는 '방언 통역의 은사'를 받기 바랍니다. 전설의 고향에 데려다 달라고 했는데 예술의전당에 내려 준 택시 기사가 있다는 이야기를 들었는데, 사실 여부는 모르겠지만 참 센스가 있네요. 이 정도 센스를 우리도 갖고 살면 조금은 더 넉넉한 여유가 생길 것 같습니다.

3. 표준국어대사전에 축복이 기독교 용어로 등재되어 있다

국립국어원이 있습니다. 여기서 발행하는 표준국어대사전이 우리말 사전의 기준입니다. 사전도 업데이트가 됩니다. 표준어로 새로 등재되는 단어가 매년 생기고 단어의 뜻풀이도 상황에 따라 바뀌기도 합니다.

축복에 대해 표준국어대사전의 뜻풀이를 보면 명사는 "「1」 행복을 빎. 또는 그 행복. 「2」 『기독교』 하나님이 복을 내림" 동사 뜻풀이는 "「1」 행복을 빌다. 「2」 『기독교』 하나님이 복을 내리다"라고 했습니다.

축복이 워낙 널리 기독교 안에서 사용되다 보니 국립국어원도 기독교 용어로 축복을 위와 같이 뜻풀이해서 등재했습니다.

뜻풀이에 대한 반론도 있습니다. 다음은 국립국어원 표준국어대사전 뜻풀이 제안 창에 올라온 한 제안입니다.

"'하나님이 복을 내림'이라는 뜻이 널리 통용되고 있으나 잘못된 사용임. 첫째, 축(祝)이라는 한자의 뜻은 '기원하다, 빌다'이며 '내리다' 또는 '주다'라는 의미가 없음. 둘째, 성경에서 '하나님과 복'에 대한 표현을 검색해 보면 '복을 주시다, 복을 내리시다, 복을 베푸신다 등'은 있으나 같은 의미로서 '하나님이 축복한다'라는 표현은 찾아볼 수 없음."

국립국어원에서 '강복'을 가톨릭 용어로 표준국어대사전에 등재하였는데, 그것과 관련해 기독교를 배려하기 위해 '축복'을 위와 같은 의미로 표준국어대사전에 등재한 것 같기도 합니다.

축복이 표준국어대사전에 등재되고 그 뜻풀이가 '하나님이 복을 내리다'로 되어 있다는 것도 참고하기 바랍니다.

Photo by 조현삼

9
 축복의 통로

이제 우리는 또 하나의 질문으로 주제 전환을 하려고 합니다. 복을 주는 일은 절대적인 하나님만의 영역인가. 하나님이 복이시고 하나님이 복을 주시는 분이니 복을 주는 일은 사람이 범접해서는 안 되는 영역인지를 묻는 질문입니다. 이 질문을 들고 우리는 성경으로 들어갑니다.

1. 하나님이 아브람을 찾아가기까지 오직 하나님만 복을 주셨다

성경을 봅니다. 창세기 1장부터 복이란 단어를 중심으로 살펴보면 창세기 11장까지는 오직 하나님만이 복 주시는 분으로 나타납니다.

창세기 12장에 이르러 놀라운 변화가 생깁니다. 하나님이 아브라함이 아브람으로 불리던 시절 그를 찾아가셔서 그에게 "너는 너의 고향과 친척과 아버지의 집을 떠나 내가 네게 보여 줄 땅으로 가라"며 "내가 너로 큰 민족을 이루고 네게 복을 주어 네 이름을 창대하게 하리니 너는 복이 될지라"라고 일방적으로 선포하십니다.

그리고 그에게 "너를 축복하는 자에게는 내가 복을 내리고 너를 저주하는 자에게는 내가 저주하리니 땅의 모든 족속이 너로 말미암아 복을 얻을 것이라"^{창 12:1-3}라고 약속하셨습니다.

2. 너는 다른 사람들의 복이 될지라

하나님이 아브람에게 하신 "내가 네게 복을 주겠다"는 말씀은 익숙합니다. 하나님이 아담과 하와를 지으시고 처음 하신 말씀이기도 합니다. 우리가 주목하는 것은 그다음입니다.

이어 하나님은 "너는 복이 될지라"라고 선포하셨습니다.

너는 복이 될지라? 영어 성경으로 읽으면 "You will be a blessing(너는 복이 될 것이다)"입니다. 개역한글 성경은 "너는 복의 근원이 될지라"라고 번역했습니다.

익숙하게 알고 있던 말씀이 때로 새롭게 눈에 들어오기도 합니다. "너는 복이 될지라"도 그랬습니다.

우리 교회 목사님 중에 이헌택 목사님이 있습니다. 이 목사님이 어느 금요심야기도회 시간에 설교를 하며 이 본문을 살짝 언급하며 "너는 복이 될지라(you will be a blessing)"를 "너는 다른 사람들에게 복이 될지라(you will be a blessing to others)"라고 다른 사람들을 넣어 전해 주었습니다.

그 말씀을 듣는 순간 눈이 번쩍 떠졌습니다. 이 목사님은 이 내용을 살짝 언급하고 지나갔기 때문에 다른 사람들을 넣은 근거는 설명하지 않았습니다.

눈이 열리면 보입니다. 그 근거는 이어진 "너를 축복하는 자에게는 내가 복을 내리고 너를 저주하는 자에게는 내가 저주하리니 땅의 모든 족속이 너로 말미암아 복을 얻을 것이라 하신지라"창 12:3 속에 있었습니다. 땅의 모든 족속이 너로 말미암아 복을 얻을 것이라, 이 말씀 속에 다른 사람들이 들어 있었습니다. '땅의 모든 족속'이 곧 '다른 사람들'입니다.

하나님이 아브람에게 하신 "너는 복이 될 것이다"의 의미는 이 목사님이 설명해 준 대로 "너는 다른 사람들의 복이 될 것이다"입니다. 너는 다른 사람들의 복이 될 것이라고 해도 좋고 너는 다른 사람에게 복이 될 것이라고 해도 좋습니다. 아마 이래서 개역한글은 의미를 살려 "너는 복의 근원이 될지라"라고 번역한 것 같습니다.

창세기 12장에서 하나님은 아브라함을 하나님이 사람에게 복을 주시는 통로로 삼으셨습니다. 아브라함은 장차 이 땅에 오실 예수 그리스도의 그림자입니다.

하나님께서는 예수님을 복으로 세우시고 예수님을 통해 하나님의 복이 땅의 모든 족속에게 흘러가도록 하셨습니다. 우리는 다 이 복의 수혜자입니다. 그 복이 지금은 우리 안에 있습니다.

3. 사람이 사람에게 복을 줄 수 있는 길이 생겼다

우리는 아브라함의 후손입니다. 하나님이 아브라함에게 복을 주셨습니다. 하나님이 그를 복으로 세워주셨습니다. 하나님이 그를 통해 하나님의 복이 다른 사람에게 흘러가게 하셨습니다.

하나님은 아브라함의 후손인 우리에게 오늘 동일하게 하셨습니다. 그리스도인은 복입니다. 그리스도인은 다른 사람들의 복입니다. 그리스도인은 다른 사람들에게 복입니다. 기억해야 합니다. 나는 너의 복입니다. 지금 우리가 누군가의 복이라면, 우리는 하나님이 의도하신 대로 잘 살고 있는 것입니다.

하나님이 아브라함을 향해 "너는 복이 될지라"라고 선포하신 후에 "너를 축복하는 자에게는 내가 복을 내리고 너를 저주하는 자에게는 내가 저주하리니"창 12:3라고 하셨습니다.

영어성경도 우리말 성경과 같이 "너를 축복하는 자에게 내가 복을 내리고(I will bless those who bless you)"라고 번역했습니다. 우리말 성경은 앞에서 살펴본 대로 하나님이 주체일 때는 "복을 내리고"라고 번역하고 사람이 주체일 때는 "축복하는"이라고 번역했습니다.

이것이 여기도 적용되었습니다. 이 말씀에서 보듯이 사람이 사람에게 복을 줄 수 있는 길이 생겼습니다. 사람이 사람에게 복을 주는 일이 가능해졌습니다. 하나님이 사람에게 복을 주는데 사람이 할 일이 생겼습니다. 하나님이 내신 길입니다. 그것이 축복입니다.

사람이 다른 사람에게 복이 될 수 있는 것은 대단한 일입니다. 이것은 놀라운 일입니다. 하나님은 하나님의 고유 권한을 때로 우리에게 넘겨주십니다.

죄를 사하는 것도 하나님의 고유 권한입니다. 예수님이 죄를 지은 한 여인을 향해 "네 죄 사함을 받았느니라" 눅 7:48 라고 하시자 함께 앉아 있는 자들이 속으로 "이이가 누구이기에 죄도 사하는가" 눅 7:49 라며 놀랐습니다. 그들 생각에 죄를 사하는 권세는 오직 하나님께만 있다고 생각했기 때문입니다. 이 죄를 사하는 권세를 하나님은 예수를 믿는 우리에게 주셨습니다.

> 너희가 누구의 죄든지 사하면 사하여질 것이요 누구의 죄든지 그대로 두면 그대로 있으리라 하시니라 요 20:23

이 얼마나 놀라운 은혜입니까. 예수님은 우리에게 기도를 가르쳐 주시며 "우리가 우리에게 죄 지은 자를 사하여 준 것 같이 우리 죄를 사하여 주시옵고" 마 6:12 라고 기도하라고 하셨습니다. 예수님은 우리에게 죄 지은 자를 사하여 줄 수 있는 권세를 주셨습니다.

예수님은 "네 죄 사함을 받았느니라"라고 직접 죄를 사하시기도 했고 "아버지 저들을 사하여 주옵소서"라고 십자가에서 기도하신 것처럼 하나님께 저들의 죄를 사하여 주시라고 구하기도 했습니다.

  축복에 대해 이야기하다 죄를 사하는 이야기로 예고도 없이 갑자기 넘어가 조금 당황했을 수도 있습니다. 예수님이 우리에게 죄를 사하는 권세를 주신 것이 놀라운 것처럼 우리가 다른 사람에게 복을 주는 사람이 되었다는 것도 놀라운 하나님의 은혜라는 것을 말하고 싶어 그랬습니다.

Photo by **조현상**

10
축복의 유형

성경을 통해 축복의 유형을 좀 살펴보려고 합니다. 우리가 축복을 할 때마다 기도 형식으로 "하나님, 아무개에게 복 주시길 원하나이다"라고 해야 하는지 아니면 또 다른 형식이 있는지를 찾아보려고 합니다.

1. 사울이 다윗을 축복

사울이 다윗에게 이르되 내 아들 다윗아 네게 복이 있을지로다 네가 큰 일을 행하겠고 반드시 승리를 얻으리라 하니라 다윗은 자기 길로 가고 사울은 자기 곳으로 돌아가니라 삼상 26:25

이것은 사울이 다윗에게 한 축복입니다. 상대를 향해 "네게 복이 있을지로다"라고 직접 축복한 경우입니다. "네가 큰 일을 행하겠고 반드시 승리를 얻으리라" 이 역시 광의적인 의미의 축복입니다.

2. 멜기세덱이 아브람을 축복

그가 아브람에게 축복하여 이르되 천지의 주재이시요 지극히 높으신 하나님이여 아브람에게 복을 주옵소서 창 14:19

이것은 멜기세덱이 아브라함에게 한 축복입니다. 전형적인 축복의 유형입니다. 천지의 주재시고 지극히 높으신 하나님께 아브람에게 복을 주시라고 구한 경우입니다.

3. 브두엘과 라반이 리브가를 축복

리브가에게 축복하여 이르되 우리 누이여 너는 천만인의 어머니가 될지어다 네 씨로 그 원수의 성 문을 얻게 할지어다 창 24:60

이것은 리브가의 오라비 라반과 그의 아버지 브두엘이 아브라함이 보낸 종을 따라 이삭과 결혼하기 위해 떠나는 리브가에게 한 축복입니다.

상대를 향해 "너는 천만인의 어머니가 될지어다"라며 "네 씨로 그 원수의 성 문을 얻게 할지어다"라고 좋은 말을 했습니다. 사람들은 이런 말을 덕담이라고 하기도 합니다. 덕담도 축복의 한 유형입니다.

4. 이삭이 야곱을 축복

그가 가까이 가서 그에게 입맞추니 아버지가 그의 옷의 향취를 맡고 그에게 축복하여 이르되 내 아들의 향취는 여호와께서 복 주신 밭의 향취로다 하나님은 하늘의 이슬과 땅의 기름짐이며 풍성한 곡식과 포도주를 네게 주시기를 원하노라 만민이 너를 섬기고 열국이 네게 굴복하리니 네가 형제들의 주가 되고 네 어머니의 아들들이 네게 굴복하며 너를 저주하는 자는 저주를 받고 너를 축복하는 자는 복을 받기를 원하노라 창 27:27-29

이것은 이삭이 그의 아들 야곱에게 한 축복입니다. 축복의 내용은 "내 아들의 향취는 여호와께서 복 주신 밭의 향취로다"로 시작합니다. 이것은 칭찬입니다. 인정입니다. 격려입니다.

이삭의 축복은 "하나님은 하늘의 이슬과 땅의 기름짐이며 풍성한 곡식과 포도주를 네게 주시기를 원하노라"로 이어집니다. 하나님을 향해 "하나님은 하늘의 이슬과 땅의 기름짐"이라고 찬송하고 이 하나님이 "풍성한 곡식과 포도주를 네게 주시기를 원하노라"라고 아들을 향해 하나님이 해 주시기 원하는 것을 아들에게 말했습니다.

우리가 상대를 위해 마음으로 바라는 것을 그가 듣도록 말해 주는 것도 축복의 한 방법입니다. "천지를 지으신 하나님이 너의 평생에 창조적인 역사를 이어 가시길 나는 원해." 이렇게 아들에게 딸에게 말해 주는 것도 축복입니다. 이삭은 자신이 원하는 것을 아들에게 숨기지 않고 다 말했습니다.

이삭의 축복은 "너를 저주하는 자는 저주를 받고 너를 축복하는 자는 복을 받기를 원하노라"로 마무리됩니다. 이것은 축복에 많이 나오는 내용입니다. 하나님이 아브라함에게 복을 주실 때도 이것이 나옵니다.

5. 야곱이 요셉의 두 아들을 축복

그가 요셉을 위하여 축복하여 이르되 내 조부 아브라함과 아버지 이삭이 섬기던 하나님, 나의 출생으로부터 지금까지 나를 기르신 하나님, 나를 모든 환난에서 건지신 여호와의 사자께서 이 아이들에게 복을 주시오며 이들로 내 이름과 내 조상 아브라함과 이삭의 이름으로 칭하게 하시오며 이들이 세상에서 번식되게 하시기를 원하나이다 창 48:15-16

이것은 야곱이 요셉의 두 아들 머리에 손을 얹고 한 축복입니다. 야곱은 먼저 하나님을 부르며 "내 조부 아브라함과 아버지 이삭이 섬기던 하나님, 나의 출생으로부터 지금까지 나를 기르신 하나님"이라고 찬양했습니다.

찬양 후에 "나를 모든 환난에서 건지신 여호와의 사자께서 이 아이들에게 복을 주시오며 이들로 내 이름과 내 조상 아브라함과 이삭의 이름으로 칭하게 하시오며 이들이 세상에서 번식되게 하시기를 원하나이다"라고 기도했습니다.

이것은 기도 형식의 축복입니다. 이것을 우리는 축복기도라고 합니다. 축복기도라는 말에 알레르기 반응을 보이는 안타까운 경우가 있는데, 이것은 그러지 말아야 할 근거이기도 합니다. 기도 형식의 축복은 오늘도 계속 우리 가운데 이어져야 합니다.

6. 야곱이 요셉을 축복

네 아버지의 하나님께로 말미암나니 그가 너를 도우실 것이요 전능자로 말미암나니 그가 네게 복을 주실 것이라 위로 하늘의 복과 아래로 깊은 샘의 복과 젖먹이는 복과 태의 복이리로다 네 아버지의 축복이 내 선조의 축복보다 나아서 영원한 산이 한 없음 같이 이 축복이 요셉의 머리로 돌아오며 그 형제 중 뛰어난 자의 정수리로 돌아오리로다

창 49:25-26

이것은 야곱이 죽기 전에 아들들을 불러 모으고 "너희가 후일에 당할 일을 내가 너희에게 이르리라"라고 하며 한 말 중에 요셉에게 한 축복입니다.

야곱은 요셉에게 "하나님이 너를 도우실 것이요 하나님이 네게 복을 주실 것이라"라며 그 복을 "위로 하늘의 복과 아래로 깊은 샘의 복과 젖먹이는 복과 태의 복이리로다"라고 덧붙였습니다. 야곱은 내가 하는 이 축복이 요셉의 머리에

임할 것이라고 힘줘 말했습니다.

요셉에게 한 야곱의 축복은 당사자에게 직접 하는 축복의 유형입니다. 예언적 성격의 확신에 찬 축복입니다. 우리가 누군가를 향해 하나님이 너를 도우실 것이고 하나님이 네게 복을 주실 것이라고 말하는 것이 축복입니다.

7. 아론과 그의 아들들에게 하나님이 가르쳐 주신 축복 예문

여호와는 네게 복을 주시고 너를 지키시기를 원하며 여호와는 그의 얼굴을 네게 비추사 은혜 베푸시기를 원하며 여호와는 그 얼굴을 네게로 향하여 드사 평강 주시기를 원하노라 민 6:24-26

이것은 하나님께서 아론과 그의 아들들에게 모세를 통해 이스라엘 자손들을 이렇게 축복하라며 일러주신 예문입니다. 하나님이 직접 가르쳐주신 축복의 모범 답안입니다. 하나님은 이스라엘 자손을 향해 자신의 마음이 어떠한지를 이 축복 예문 속에 오롯이 담아주셨습니다.

그를 향해 하나님이 원하시는 것을 말해 주는 것이 이 축복의 특징입니다. "여호와는 네게 복을 주시기를 원하신다.

여호와는 너를 지키시기를 원하신다. 여호와는 그의 얼굴을 네게 비추사 은혜 베푸시기를 원하신다. 여호와는 그 얼굴을 네게로 향하여 드사 평강 주시기를 원하신다."

우리도 하나님이 가르쳐 주신 축복의 예문을 따라 우리 곁에 있는 사람들을 향해 축복해야 합니다. 반드시 이 축복 예문을 외워 그대로 해야 하는 것은 아닙니다. "아들아, 하나님은 네가 잘되기를 원하셔" 또는 "딸아, 하나님은 네가 행복하기를 원하셔"라고 축복해도 됩니다.

혹여라도 하나님이 잘되게 하실지 못되게 하실지 엄마가 어떻게 아느냐고 축복하는 엄마에게 까칠하게 반문한다면, "하나님께서 엄마에게 너에게 그렇게 말해 주라고 하셨어"라고 확신 있게 하나님이 가르쳐 주신 축복 예문에 근거해 대답해야 합니다.

8. 모세가 이스라엘 백성을 축복

이스라엘이여 너는 행복한 사람이로다 여호와의 구원을 너 같이 얻은 백성이 누구냐 그는 너를 돕는 방패시요 네 영광의 칼이시로다 네 대적이 네게 복종하리니 네가 그들의 높은 곳을 밟으리로다 신 33:29

이것은 모세가 죽기 전에 이스라엘 자손을 위하여 한 축복의 마지막 문장입니다. 모세는 지파별로 이스라엘 자손을 축복하고 이렇게 축복을 마무리했습니다.

이것은 선포형 축복입니다. "이스라엘이여 너는 행복한 사람이로다" 우리는 이것을 "딸아, 너는 행복한 사람이다"라고 적용해 축복할 수 있습니다. 모세는 이스라엘 자손이 하나님께 받은 복을 "여호와의 구원을 너 같이 얻은 백성이 누구냐"라는 질문으로 일깨워줬습니다. 모세는 이스라엘 자손에게 "그는 너를 돕는 방패시요 네 영광의 칼이시로다"라며 하나님이 어떤 분이신지 알려주었습니다.

축복에 늘 들어있는 예언적 요소가 모세의 축복에서도 발견됩니다. "네 대적이 네게 복종하리니 네가 그들의 높은 곳을 밟으리로다"

9. 엘리가 엘가나와 한나를 축복

여호와께서 이 여인으로 말미암아 네게 다른 후사를 주사 이가 여호와께 간구하여 얻어 바친 아들을 대신하게 하시기를 원하노라 삼상 2:20

이것은 엘리 제사장이 사무엘의 아버지 엘가나와 그의 아내 한나에게 한 축복입니다. 자신이 원하는 것을 하나님이 해 주시길 원하다는 형식으로 한 축복입니다. 감동이 될 때 나오는 축복의 유형입니다.

우리도 우리가 그에 대해 원하지만 우리가 할 수 없는 일을 마음의 소원으로만 간직하지 말고 하나님이 이렇게 해 주시길 나는 원한다고 말해 줄 필요가 있습니다. 이것도 축복입니다.

사무엘상 2장 20절 도입부는 "엘리가 엘가나와 그의 아내에게 축복하여 이르되"입니다.

10. 우리를 향한 예수님의 축복

누가복음을 강해했습니다. 누가복음 강해를 마치던 날 본문은 마지막 장 마지막에 있는 네 절이었습니다. 그 내용은 다음과 같습니다.

"예수께서 그들을 데리고 베다니 앞까지 나가사 손을 들어 그들에게 축복하시더니 축복하실 때에 그들을 떠나 [하늘로 올려지시니] 그들이 [그에게 경배하고] 큰 기쁨으로 예루살렘에 돌아가 늘 성전에서 하나님을 찬송하니라"

눅 24:50-53

이 말씀을 강해하며 깊은 감동이 밀려왔습니다. 예수님의 마음, 예수님 사랑이 깊이 느껴졌습니다. 우리가 인생을 살고 마지막에 하는 말을 유언이라고 합니다. 평생 말하고 살지만, 마지막 말의 의미는 남다릅니다. 자녀들이 부모님의 유언을 소중히 여기는 것도 이 때문입니다.

누가복음에 예수님이 승천하시며 하신 말은 기록되어 있지 않습니다. 예수님은 분명 말씀은 하셨습니다. 하지만 그 내용은 모릅니다. 누가복음을 기록한 누가는 예수님이 마지막 하신 말을 축복이라고 적었습니다.

예수님이 이 땅에서 마지막 하신 일은 축복입니다. 감람산까지 따라와 배웅하는 열한 제자와 예수를 따르는 이들을 축복하셨습니다. 예수님은 축복하고 하늘로 올라가셨습니다.

마지막 한 말이 남다른 의미가 있는 것처럼 마지막 한 행동도 남다른 의미가 있습니다. 예수님은 축복하며 떠나셨습니다. 누가복음은 예수님이 축복하실 때에 그들을 떠나 승천하셨다고 기록하고 있습니다.

마지막 날에 내가 무엇을 할 것인지, 목표 하나가 정해졌습니다. 임종을 지켜보고 있는 이들을 향해 교훈을 할 수도 있습니다. 권면을 할 수도 있습니다. 꾸중을 할 수도 있습니다. 부탁을 할 수도 있습니다. 할 수 있으면 이런 것을 마지막이 되기 전에 다 했으면 좋겠습니다.

마지막 날, 이제 떠나야 할 때가 되면 곁에서 있는 이들을 한 사람 한 사람 축복하고 싶습니다. 야곱이 요셉에게 했던 것처럼 시종 따뜻하고 힘이 되고 용기가 되는 그런 축복을 하고 떠나고 싶습니다.

그러기 위해서는 갑자기 세상을 떠나지는 않도록 하나님이 도와주셔야 할 것 같습니다. 그 도움을 이 글을 쓰는 지금 미리 구합니다. 어쩌면 여러분도 같은 소원이 생겼을 수 있습니다. 그렇다면 하나님께서 그렇게 해 주시길 제가 지금 여기서 축복합니다. 우리 다 같이 축복하며 떠나는 아름다운 인생 되기를 축복합니다.

누가복음 마지막 장을 강해하면서 예수님의 공생애 3년을 다시 살펴보았습니다.

예수님은 평소에도 축복을 많이 하셨습니다. 제자들에게도 축복하셨고 말씀을 들으러 나온 사람들에게도 축복하셨고 어린아이들에게도 축복하셨습니다. 십자가를 지기 전날

밤, 제자들과 마지막 식사를 하는 자리에서도 예수님은 제자들을 축복하셨습니다. 그 예수님은 지금도 하나님 보좌 우편에서 우리를 축복하고 계십니다. 그 축복이 오늘 우리를 살게 합니다.

11. 너희도 축복하라

축복하는 삶을 사신 예수님은 우리에게도 축복하라고 하십니다. 예수님은 제자들에게 "너희를 저주하는 자를 위하여 축복하며 너희를 모욕하는 자를 위하여 기도하라" 눅 6:28 라고 하셨습니다.

이 말씀을 저주하는 사람만 축복하라고 듣는 사람은 없겠지요. 저주하는 사람을 위해 축복하라는 말은 사람이면 모두를 위해 축복하라는 의미입니다.

신구약성경을 막론하고 성경은 사람을 축복하라고 합니다. 사도가 된 바울은 로마교회 성도들을 향해 "너희를 박해하는 자를 축복하라"며 "축복하고 저주하지 말라" 롬 12:14 고 했습니다. 하나님은 모세를 통해 아론과 그의 아들들인 제사장을 공인 축복자로 세우시고 그들에게 이스라엘 자손을 위해 축복하라고 하셨습니다. 하나님은 아주 구체적으로 축복의 내용까지 가르쳐 주셨습니다.

"여호와는 네게 복을 주시고 너를 지키시기를 원하며 여호와는 그의 얼굴을 네게 비추사 은혜 베푸시기를 원하며 여호와는 그 얼굴을 네게로 향하여 드사 평강 주시기를 원하노라 할지니라 하라" 민 6:24-26

하나님은 모세에게 "그들은 이같이 내 이름으로 이스라엘 자손에게 축복할지니 내가 그들에게 복을 주리라" 민 6:27 라고 약속하셨습니다. 너는 축복하라. 내가 그들에게 복을 주리라! 참 명료합니다. 내가 축복하면 하나님이 그에게 복을 주신다!

축복에 대해 성경을 정리하는 과정에 다시 한번 확인한 사실은 예수를 믿는 우리를 하나님이 축복자로 세우셨다는 것입니다.

또 하나는 축복은 윗사람이 아랫사람에게만 하는 것이 아닙니다. 지위 고하와 남녀노소 불문하고 할 수 있고 해야 하는 것이 축복입니다. 부모는 자녀에게 축복하고 또한 자녀는 부모에게 축복해야 합니다. 어미를 축복하지 않는 자녀를 성경은 야단치고 있습니다. 왕이 백성을 축복하기도 했고 백성이 왕을 축복하기도 했습니다.

축복하는 것은 건방지거나 무례한 것이 아닙니다. 감사함으로 받으면 하나님이 그의 축복대로 우리에게 복을 주십니다.

이쯤에서 복 이야기를 마치려고 합니다. 그간 공부하느라 애썼습니다. 글을 마무리하면서 묻습니다. 어떠세요. 이 책은 성경을 통해 복관을 세우는 작업이라고 생각하며 썼습니다. 복관福觀이 세워졌는지 궁금합니다. 그랬으면 좋겠습니다. 그러기를 소망합니다. 사랑합니다.

• epilogue

바라크의 순환

　복에 대한 단어 공부를 하면서 특이한 것 하나를 발견했습니다. 공부하면서 보니 우리말 성경에 복 또는 축복이라고 번역된 원어 바라크 안에 '찬송하다, 송축하다'라는 뜻이 들어 있는 것입니다.

　간혹 한두 개는 이렇게 사용될 수 있습니다. 그런데 찾아보니 상당히 많은 경우에 이 단어가 찬송하다, 송축하다로 우리말 성경에 번역되어 있는 것을 발견했습니다.

　명사와 동사를 합해 송축으로 44번, 찬송으로 38번이 번역되었습니다. 이 둘을 합하며 82번입니다. 송축과 찬송은 넓은 의미에서 그 뜻이 같습니다. 327번 중에 82번이 '송축하다, 찬송하다'라고 번역되었으니 그 비중이 적지 않습니다.

한 단어에 여러 뜻이 있는 경우는 허다합니다. 그래서 복 공부에 집중하기 위해 복 안에 들어 있는 찬양의 의미를 한 쪽으로 미뤄 놓았습니다. 공부하는 주제가 복과 축복인 것도 이렇게 한 이유입니다. 그러다 이 안에도 하나님의 깊은 뜻이 있는 것 같아 묵상을 시작했습니다. 묵상 중에 감동이 밀려와 그 감동을 여기 적습니다.

한 단어 바라크(בָּרַךְ) 안에 하나님은 복과 축복과 송축(찬송)을 다 담아 놓으셨습니다. 우리말 성경에 복을 주다, 축복하다로 번역된 단어 바라크(בָּרַךְ)의 주된 뜻은 복, 축복, 송축(찬송)입니다. 동사로 쓰일 때는 '복을 주다, 축복하다, 송축(찬송)하다' 입니다.

우리는 앞에서 이 단어를 중심으로 복과 축복에 대해서 같이 공부했습니다. 같은 단어인데, 하나님이 사람을 대상으로 이 단어를 쓰면 '복을 주다'입니다. 사람이 사람을 대상으로 이 단어를 쓰면 '축복하다'입니다. 사람이 하나님을 대상으로 이 단어를 쓰면 '송축하다'입니다.

바라크(בָּרַךְ)가 이렇게 쓰인 몇 구절만 소개합니다.

다윗이 온 회중에게 이르되 너희는 너희 하나님 여호와를 송축하라 하매 회중이 그의 조상들의 하나님 여호와를 송축하고 머리를 숙여 여호와와 왕에게 절하고 대상 29:20

내 영혼아 여호와를 송축하라 내 속에 있는 것들아 다 그의 거룩한 이름을 송축하라 시 103:1

능력이 있어 여호와의 말씀을 행하며 그의 말씀의 소리를 듣는 여호와의 천사들이여 여호와를 송축하라 시 103:20

여호와의 지으심을 받고 그가 다스리시는 모든 곳에 있는 너희여 여호와를 송축하라 내 영혼아 여호와를 송축하라 시 103:22

여호와를 찬송할지로다 그가 말씀하신 대로 그의 백성 이스라엘에게 태평을 주셨으니 그 종 모세를 통하여 무릇 말씀하신 그 모든 좋은 약속이 하나도 이루어지지 아니함이 없도다 왕상 8:56

날마다 우리 짐을 지시는 주 곧 우리의 구원이신 하나님을 찬송할지로다(셀라) 시 68:19

이드로가 이르되 여호와를 찬송하리로다 너희를 애굽 사
람의 손에서와 바로의 손에서 건져내시고 백성을 애굽 사
람의 손 아래에서 건지셨도다 출 18:10

또한 이르시기를 이스라엘의 하나님 여호와를 찬송하리
로다 여호와께서 오늘 내 왕위에 앉을 자를 주사 내 눈으로
보게 하셨도다 하셨나이다 하니 왕상 1:48

하나님을 찬송하리로다 그가 내 기도를 물리치지 아니
하시고 그의 인자하심을 내게서 거두지도 아니하셨도다
시 66:20

복이라는 한 단어 바라크 안에 복과 축복과 찬송을 다 담아 주신 하나님의 뜻은 무엇일까요.
　바라크를 하나님이 주시면 복입니다. 바라크가 사람을 향하면 축복입니다. 바라크가 하나님을 향하면 찬송입니다. 복은 하나님이 주시는 것입니다. 축복은 하나님께 받은 복을 사람에게 흘려보내는 것입니다. 찬송은 하나님이 주신 복을 하나님께 올려드리는 것입니다.
　'한 단어 바라크 안에 복과 축복과 찬송을 다 담으신 하나님은 우리가 바라크 인생이길 원하시는구나' 하는 마음

이 들었습니다.

하나님과 우리, 그리고 우리 이웃과 우리, 우리와 하나님이 바라크로 연결되어 있습니다. 한 단어 바라크 안에 이 셋을 다 담으신 하나님의 디자인은 바라크의 순환입니다. 하나님께 바라크를 받아 사람에게 바라크 하고 하나님께 바라크 하는 선순환입니다. 우리가 하나님께 받은 복은 순환하고 있습니다. 우리가 하나님께 받은 복이 사람을 향해 흘러가고 그 복이 하나님을 향해 올려지고 있습니다. '복은 정체되면 안 되는 것이구나'를 깨닫습니다.

복은 흘러야 합니다. 복은 돌아야 합니다. 복은 순환해야 합니다. 이것은 우리에게 복을 주신 하나님의 뜻입니다.

그러고 보니 우리 삶은 순환하고 있네요. 하나님이 주신 물질만 봐도 그렇습니다. 하나님이 우리에게 주신 돈으로 우리는 '이 돈을 하나님이 우리에게 주셨습니다'라는 고백을 담아 십일조를 하나님께 올려드리고, 그 돈을 사람을 위해 사용하고 있습니다. 그 돈으로 사람을 사랑하고 구제하고 있습니다. 지혜도 그렇습니다. 하나님이 우리에게 주신 지혜 역시 돌고 있습니다. 순환하고 있습니다.

바라크의 순환, 성경을 통해 복 공부를 하다 귀한 진리를 덤으로 깨달았습니다. 사랑합니다.

사명선언문

너희가 흠이 없고 순전하여······세상에서 그들 가운데 빛들로
나타내며 생명의 말씀을 밝혀 _ 빌 2:15-16

1. 생명을 담겠습니다
만드는 책에 주님 주신 생명을 담겠습니다.
그 책으로 복음을 선포하겠습니다.

2. 말씀을 밝히겠습니다
생명의 근본은 말씀입니다.
말씀을 밝혀 성도와 교회의 성장을 돕겠습니다.

3. 빛이 되겠습니다
시대와 영혼의 어두움을 밝혀 주님 앞으로 이끄는
빛이 되는 책을 만들겠습니다.

4. 순전히 행하겠습니다
책을 만들고 전하는 일과 경영하는 일에 부끄러움이 없는
정직함으로 행하겠습니다.

5. 끝까지 전파하겠습니다
모든 사람에게, 땅 끝까지, 주님 오시는 그날까지
복음을 전하는 사명을 다하겠습니다.

서점 안내

광화문점 서울시 종로구 새문안로 69 구세군회관 1층
02)737-2288 / 02)737-4623(F)

강남점 서울시 서초구 신반포로 177 반포쇼핑타운 3동 2층
02)595-1211 / 02)595-3549(F)

구로점 서울시 동작구 시흥대로 602, 3층 302호
02)858-8744 / 02)838-0653(F)

노원점 서울시 노원구 동일로 1366 삼봉빌딩 지하 1층
02)938-7979 / 02)3391-6169(F)

일산점 경기도 고양시 일산서구 중앙로 1391 레이크타운 지하 1층
031)916-8787 / 031)916-8788(F)

의정부점 경기도 의정부시 청사로47번길 12 성산타워 3층
031)845-0600 / 031)852-6930(F)

인터넷서점 www.lifebook.co.kr